Virgen Negra

Desvelando el poder espiritual secreto de la Diosa Madre

© Copyright 2025

Todos los derechos reservados. Ninguna parte de este libro puede ser reproducida de ninguna forma sin el permiso escrito del autor. Los revisores pueden citar breves pasajes en las reseñas.

Descargo de responsabilidad: Ninguna parte de esta publicación puede ser reproducida o transmitida de ninguna forma o por ningún medio, mecánico o electrónico, incluyendo fotocopias o grabaciones, o por ningún sistema de almacenamiento y recuperación de información, o transmitida por correo electrónico sin permiso escrito del editor.

Si bien se ha hecho todo lo posible por verificar la información proporcionada en esta publicación, ni el autor ni el editor asumen responsabilidad alguna por los errores, omisiones o interpretaciones contrarias al tema aquí tratado.

Este libro es solo para fines de entretenimiento. Las opiniones expresadas son únicamente las del autor y no deben tomarse como instrucciones u órdenes de expertos. El lector es responsable de sus propias acciones.

La adhesión a todas las leyes y regulaciones aplicables, incluyendo las leyes internacionales, federales, estatales y locales que rigen la concesión de licencias profesionales, las prácticas comerciales, la publicidad y todos los demás aspectos de la realización de negocios en los EE. UU., Canadá, Reino Unido o cualquier otra jurisdicción es responsabilidad exclusiva del comprador o del lector.

Ni el autor ni el editor asumen responsabilidad alguna en nombre del comprador o lector de estos materiales. Cualquier desaire percibido de cualquier individuo u organización es puramente involuntario.

Su regalo gratuito

¡Gracias por descargar este libro! Si desea aprender más acerca de varios temas de espiritualidad, entonces únase a la comunidad de Mari Silva y obtenga el MP3 de meditación guiada para despertar su tercer ojo. Este MP3 de meditación guiada está diseñado para abrir y fortalecer el tercer ojo para que pueda experimentar un estado superior de conciencia.

https://livetolearn.lpages.co/mari-silva-third-eye-meditation-mp3-spanish/

¡O escanee el código QR!

Índice de contenidos

INTRODUCCIÓN 1
CAPÍTULO 1: ¿QUIÉN ES LA VIRGEN NEGRA? 3
CAPÍTULO 2: SU ARTE SAGRADO 12
CAPÍTULO 3: SUS TEMAS Y SIMBOLISMO 18
CAPÍTULO 4: SU PODER TRANSFORMADOR 25
CAPÍTULO 5: SU RELACIÓN CON LAS DIOSAS MADRE 37
CAPÍTULO 6: INTERPRETACIONES ESOTÉRICAS 46
CAPÍTULO 7: CONECTANDO CON LA VIRGEN NEGRA 56
CAPÍTULO 8: LA CURACIÓN A TRAVÉS DE LO DIVINO FEMENINO ... 67
CAPÍTULO 9: HONRANDO A LA DIOSA MADRE 76
CONCLUSIÓN 84
APÉNDICE: LISTA DE VÍRGENES NEGRAS 86
VEA MÁS LIBROS ESCRITOS POR MARI SILVA 99
SU REGALO GRATUITO 100
REFERENCIAS 101
IMAGE SOURCES .... ERROR! BOOKMARK NOT DEFINED.

Introducción

La Virgen Negra es un icono enigmático. Con su corazón cálido, sus ojos profundos y su piel oscura, atrae los corazones de millones de personas en todo el mundo. Este ser, conocido por curar muchas enfermedades y dolores emocionales, transformar muchas vidas e inspirar la paz, es venerado y honrado por muchos como una amorosa Diosa Madre. Acoge a todos y cada uno en su redil, lucha para proteger a las personas que depositan su confianza en ella y ofrece su incomparable sabiduría y guía en todas las cosas, grandes y pequeñas.

Si le interesa la espiritualidad, disfrutará leyendo este libro. Está repleto de sabiduría ancestral explicada de un modo que la mente moderna puede captar. Estas páginas son una introducción a la Virgen Negra, la Madre Oscura que nutre y cuida de todos. Si se siente atraído por el simbolismo que ella representa y busca algo más allá de las habituales creencias religiosas tradicionales que le atan, lo más probable es que esté a punto de encontrar todo lo que siempre ha deseado.

La redacción de este libro es fácil de entender. Normalmente, los temas esotéricos y espirituales se escriben en un lenguaje que dificulta la comprensión de los conceptos fundamentales, por no hablar de ponerlos en práctica en la vida. Este libro no tiene nada que ver con eso. Tanto si siempre ha conocido a la Virgen Negra y domina los asuntos espirituales, como si se está iniciando en el tema, en estas páginas encontrará muchas joyas preciosas. La sabiduría que se le ofrece es práctica, para que sepa cómo tomar lo que aprende y utilizarlo para transformar su vida.

¿Está preparado para recibir el amor, la sanación, la protección y la guía que siempre ha buscado? ¿Está preparado para experimentar la verdadera espiritualidad viva bajo la amorosa guía e instrucción de la Virgen Negra? ¿Está ansioso por conocerla? Pues su viaje comienza con el primer capítulo.

Capítulo 1: ¿Quién es la Virgen Negra?

Ha elegido este libro porque quiere conocer a la Virgen Negra. Algo en su interior se agita, responde a su llamada. Puede que no sepa con certeza quién es la Virgen Negra y si es relevante para usted. Sin embargo, cuando haya leído este capítulo, llegará a conocer su esencia y, si decide permitírselo, experimentará su presencia en su vida de una forma poderosa. Antes de arrojar luz sobre quién es ella, debe comprender en qué consiste la divinidad femenina.

La divinidad femenina

¿En qué consiste la divinidad femenina? La divinidad se expresa en formas masculinas y femeninas. Estas energías están presentes en todos y en todo en la creación. Si lo piensa, puedes ver esta dualidad en todas las facetas de la vida. Hay día y hay noche. Hay luz y oscuridad. Existen los conceptos de frío y calor, alto y bajo, grande y pequeño, orden y caos, y el yin y el yang.

El divino femenino y el divino masculino superan el concepto básico de género. En su lugar, representan rasgos y arquetipos específicos que son muy reales y observables en la vida diaria. Independientemente de su género, lleva estas dos energías dentro. Lo que le diferencia de otra persona es la proporción única de energía femenina y masculina que expresa, e incluso eso varía según el contexto en el que se encuentre.

Los procesos mentales con los que ha sido bendecido son impulsados por la energía masculina, mientras que los procesos de los sentimientos son dominio de la energía femenina. Podría pensar que la energía masculina es directa, se mueve desde dentro hacia fuera, proporciona seguridad y se da a sí misma. En cuanto a la energía femenina, no es una línea recta, sino un círculo. La energía divina femenina va hacia el interior. Es una fuerza que nutre a unos y a otros, y más que dar, es receptiva. Así pues, mientras que lo divino masculino consiste en crear, hacer y actuar, lo divino femenino consiste en recibir, ser y permitir. Este libro trata de la esencia de lo divino femenino. No sugiere que lo divino masculino no tenga utilidad. Por lo tanto, sólo se centrará en la persona que le ha atraído a este libro.

Las personas que han experimentado el poder de la divinidad femenina en sus vidas no tienen nada más que compartir que testimonios positivos de esta fuerza en sus vidas. Ella es la energía que enseña a confiar, a descansar seguro en la fe de que los deseos se cumplen y se manifestarán exactamente cuándo deben, ni demasiado pronto ni demasiado tarde. Ella es poder. Ella es amor. Ella es la esencia de lo que significa ser. Todo lo que hace en la vida se deriva del estado de simplemente ser. Ella es un recordatorio para encarnar la versión de sí mismo que le gustaría ser para que pueda experimentarse como esta persona, y la vida pueda afirmar que esto es en lo que se ha convertido.

Cuando reconoce y honra a lo divino femenino, descubrirá que vive una vida libre de fuerzas. Sabrá que no tiene que hacer demasiado para atraer lo que desea, porque está co-creando con las fuerzas universales. Desarrollará una conciencia de ser uno con todo; por lo tanto, sabrá que atrae aquello con lo que su estado de ser resuena automáticamente. Lo Divino Femenino es el poder que impulsa la intuición, ayudándole a saber lo que necesita de maneras inexplicables, y algunos dirían ilógicas. Ella le enseña a trascender la prisión de la lógica y a confiar en que cada una de sus necesidades está resuelta incluso antes de que se dé cuenta de que tiene ese deseo.

Dentro de la divinidad femenina, no hay manera de que pueda estar desesperado. No tendrá esa energía necesitada, de elegir. No sólo reconocerá la abundancia en su vida, sino que la experimentará en cada momento. Cuando se ahogue en dudas, no estará expresando lo divino femenino. Esas vibraciones más bajas son la herida femenina. Sin embargo, todas las heridas pueden ser sanadas. Todo lo que tiene que hacer es abrirse a la sensación de libertad. Permítase fluir con la vida, y la vida fluirá a través de usted. ¿Cómo puede permitir que esta energía le bendiga? Eligiendo confiar más, relajarse más y recibir más. Elija el descanso en lugar del estrés.

La divinidad femenina rige los ciclos de la vida. Ya sean las diferentes fases de la luna, la rotación de las estaciones o la siembra y la cosecha de los cultivos, ella encarna estos ciclos. Si los contempla, se dará cuenta de que suceden automáticamente, y estos ciclos son la encarnación del nacimiento, el crecimiento, la muerte y el renacimiento. Esta fuerza conecta con la tierra y con todas las cosas del mundo natural. Le recuerda que no está separado. Hay una conexión entre el mundo y todo lo que le rodea. Cuando comprenda esto, empezará a cuidar de su entorno, y eso es bueno.

Conoce a la virgen negra

La Virgen Negra es la personificación de la divinidad femenina[1]

Ha llegado el momento de responder a la pregunta que le ronda por la cabeza. La Virgen Negra es la personificación de la Divinidad Femenina.

No es una ficción. Es una presencia muy real, tanto que muchos se sienten atraídos a rendirle homenaje. En Suiza está la Virgen Negra de Einsiedeln. Cada año, al menos 500.000 personas acuden a su puerta para rendirle homenaje. En España, la Virgen Negra de Montserrat atrae al menos a un millón de personas que acuden a agradecerle su bondad y gracia. En Polonia, la Virgen Negra de Częstochowa recibe cada año a cuatro millones de personas. En caso de que se lo pregunte, sí, hay aún más estatuas y representaciones de esta María de color por todo el mundo. Ella inspira admiración. Su poder es inconfundible. Una vez que la conoce, es imposible que su vida siga igual. Experimentará su extraordinaria gracia y bondad cada día.

¿Qué tiene el arte de la Virgen Negra que fascina a muchos y cautiva sus corazones? ¿Es simplemente porque se la muestra como la Madre de Cristo, el salvador? Además, ¿cómo es que María, la madre de Dios, que ha sido estereotipadamente representada y generalmente aceptada como blanca en Occidente, es vista por otros como negra? La respuesta a este misterio se remonta al periodo comprendido entre los siglos XII y XIV. Durante esta época, muchos se dedicaban a cultos marianos, en los que se honraba a María y a Cristo. La Iglesia católica lo reconoció y decidió situarla en el centro de la fe, sin tener en cuenta que desde el año 431 no se la reconocía como divina, gracias a que el Concilio de Éfeso se pronunció en contra. Esta mujer, que no era considerada importante, se convertiría en la persona a la que la gente acudía en oración, esperando su toque sanador. Sabían que podía guiarles en todos sus asuntos. Con el tiempo, surgirían cultos marianos con representaciones de la madre de Dios de piel negra por toda Europa. Había una gran diferencia en su representación, aparte de la distinción en el color de la piel. La María negra no parecía tan recatada e inocente como la blanca. Parecía ser algo mucho más, con un significado espiritual mucho más poderoso que su homóloga católica. Era innegable para todos que la Virgen Negra era la verdadera Virgen, con un poder incuestionable.

Hay cierto debate sobre por qué estas representaciones de la madre de Cristo eran negras. Algunos historiadores insisten en que la única razón por la que son así es por las capas de hollín de incienso acumuladas a lo largo de los años. Creen que la negrura se debe a que las velas chamuscan las imágenes y a que las estatuas acumulan suciedad por haber permanecido bajo tierra. Su opinión es que la Virgen Negra nunca fue negra al principio, sino que se fue volviendo negra poco a poco. Pero eso no es cierto. Hay pruebas que demuestran que la gente de la época decidió deliberadamente pintarla de negro, e incluso si estaba descolorida, la mantuvieron así deliberadamente.

Es irrisorio sugerir que la Virgen Negra es un error. Marion Woodman y Elinor Dickson son dos teóricas junguianas que proponen que hay dos factores que llevaron a la creación y adopción de este ser benévolo. Los cristianos de Europa occidental se habían propuesto ir a la guerra contra los musulmanes porque les preocupaba que éstos se apoderaran de la Tierra Santa de Oriente Próximo, y querían recuperar los lugares que solían ser cristianos. Estas guerras se conocen como las Cruzadas, y como resultado de los saqueos, Europa llegaría a descubrir imágenes y figuras de la Virgen Negra. Inanna e Isis presentaban nuevas formas de ver el arquetipo de la Diosa y, naturalmente, los artistas europeos empezaron a representar a la Virgen con el mismo estilo. El segundo factor que Woodman y Dickson reconocieron es el efecto de la combinación de la adopción del amor cortés y el culto mariano. ¿Qué fue eso? La gente quedó fascinada por el concepto de "mujer idealizada". Antes de esta época, la blanca María era la representación de ese concepto. La gente necesitaba algo a su altura, y por eso la Virgen Negra no pudo llegar en mejor momento.

La negrura de esta deidad la hace importante. Muchos suponen que la oscuridad tiene que ver con lo malo, lo desconocido, las cosas que acechan en las sombras esperando una oportunidad para arruinarle. Sin embargo, el negro tenía un significado más generoso durante la Edad Media. La diferencia entre blanco y negro no era una simplificación excesiva que los redujera a buenos y malos. Cuando se considera el negro desde la perspectiva femenina, uno se da cuenta de que se trata de algo más que eso. La Virgen Negra es la encarnación del flujo de la vida, que incluye la muerte y el renacimiento. Por tanto, la muerte no se considera algo malo, sino necesario para que la vida continúe. La gente de la Edad Media ansiaba algo mucho más profundo y potente que lo que ofrecía la Virgen María estándar. Querían una conexión con la Diosa, y la consiguieron. La representación tradicional de la Virgen María no funcionaba. Al fin y al cabo, la única razón por la que la Iglesia la reconocía como un ser divino era ser la mujer simbólica para un grupo de hombres a los que no les importaban mucho las mujeres o la naturaleza. Por otro lado, la Virgen Negra representa la naturaleza y su poder para curar a todos. Representa el poder de la mujer, durante mucho tiempo ignorado y minimizado. Donde la Virgen María es toda blancura y pureza, la figura de una madre cariñosa que cuida de Jesús cuando es un bebé, la Virgen Negra es la encarnación de la sensualidad de la feminidad. Se la puede encontrar sola o con Jesús en brazos y un rostro que da la impresión de gravedad y dignidad. La feroz independencia de la Virgen Negra atrae a muchos corazones.

El significado del color negro

A la Virgen Negra también se la llama Madre Oscura o Madre Africana. Siempre es negra. Cuando lleva al Niño Jesús, también se le representa negro. La Virgen Negra tiene muchas influencias históricas y culturales, pero sus orígenes son africanos. Se podría decir que las creencias tradicionales y espirituales africanas han tenido un fuerte impacto en las principales religiones practicadas en todo el mundo, a saber, el judaísmo, el cristianismo, el islam y el hinduismo. La Virgen Negra es un hilo conductor que teje su camino a través de cada religión y principio espiritual. La piel negra de la Virgen Negra es significativa de varias maneras.

La divinidad femenina: La piel negra de la Madre Oscura representa la esencia de la divinidad femenina. Esta energía contiene todas las cosas misteriosas y profundas. Es portadora de los misterios de la vida que ninguna mente ha comprendido aún y que es responsable de mantener vivos a todos y cada uno de nosotros. Es un recordatorio de la oscuridad del útero del todos hemos surgido. Esta oscuridad es de donde brota toda vida. Incluso cuando se plantan, las semillas se cubren en la tierra, se dejan crecer en la oscuridad antes de que broten a la luz. La piel negra demuestra el poder de la divinidad femenina para nutrirle, transformarle en algo más y restaurarle cuando esté agotado.

El proceso de creación y el concepto de fertilidad: El negro es el color de la fertilidad. Es la personificación de la riqueza. Consideremos, una vez más, las semillas dejadas en la oscuridad de la Tierra sólo para dar más vida. La piel de la Virgen Negra recuerda los principios eternos del crecimiento y la renovación. Permítale que le demuestre que tiene el poder de crear lo que desee en la vida y, mientras confíe en ello, disfrutará de una transformación continua a mejor.

El poder de abrazar su yo sombrío: Nadie es todo luz y bondad. El principio de dualidad está activo incluso cuando se trata de cómo vive su vida. La piel negra de la Diosa le anima a echar un vistazo a su aspecto sombrío. Le dice que, aunque tenga la tentación de huir de Sus dudas y miedos, es en ellos donde encontrará la curación, y sólo enfrentándose a ellos podrá experimentar el crecimiento en la vida. Así pues, la Madre Africana Le invita a sumergirse en las embravecidas tormentas de Su interior, porque será recompensado por su valentía y su voluntad de abrazar a su yo sombrío.

La definición de inclusividad: Mientras que la Virgen María blanca sólo amparaba a un grupo, la Virgen Negra es universal. No distingue razas ni culturas, pues su gracia se extiende a todos y cada uno. Su piel negra es el verdadero significado de la inclusión y un recordatorio de que la divinidad femenina es para todos, no para unos pocos. Ella rompe todas las barreras y divisiones, uniendo a toda la humanidad bajo un mismo paraguas. África es la cuna de la vida, por lo que la piel de la Madre Oscura es un recordatorio de que es la madre original de todos los hijos de la Tierra.

Muchas personas, una madre

La Madre Oscura tiene una innegable influencia global. Muchos conocen sus milagros y están encantados de dar testimonio de ellos, difundiendo noticias sobre quién es y qué puede ofrecer a las almas que confían en ella. Tiene muchos peregrinos devotos por una buena razón. En Argelia, es Nuestra Señora de África. En Costa de Marfil, la Virgen Negra con el Niño se encuentra en la basílica de Nuestra Señora de la Paz de Yamusukro. Los senegaleses la llaman *Notre Dame de la Délivrance,* que significa "Nuestra Señora de la Liberación". En Soweto, Sudáfrica, es simplemente la Virgen Negra.

¿Y en Filipinas? Allí se la conoce como Nuestra Señora de la Paz y del Buen Viaje de Antipolo. También la llaman Nuestra Señora de Guía, Nuestra Señora de los Desamparados, Nuestra Señora del Buen Suceso, Nuestra Señora de Regla, Nuestra Señora de la Peña de Francia, Nuestra Señora de la Visitación de Piat o Nuestra Señora de la Salvación. Estos son sólo algunos de los nombres con los que se la conoce en esta región, y no se trata en absoluto de una lista exhaustiva. Se la puede encontrar en todo el mundo, de África a Asia, de Europa a América del Norte y del Sur. Así queda claro que es venerada como Diosa madre.

Lo interesante de los nombres de la Virgen Negra es que son contenedores de su esencia. Por ejemplo, por algo se la llama Nuestra Señora de la Liberación. Debido a su gran alcance en diversas culturas, países y prácticas espirituales, la Virgen Negra es la verdadera encarnación de la unidad. Es alguien abierto a todos, la verdadera figura universal. Su compasión está a su disposición, sea quien sea. Ella no juega. No le interesan los favoritismos. Sabe que, esté donde esté en el mundo, puede acceder a su amor.

Un aspecto interesante de la mayoría de las religiones es que la idea de exclusividad suele estar presente. En las páginas sagradas de los textos religiosos, encuentra mensajes que indican que Dios ha apartado a un determinado grupo de personas del resto del mundo. Es natural sentir que no importa tanto como esas personas si no es uno de ellos. Sin embargo, la Virgen Negra es la respuesta a este ostracismo innecesario. A la Virgen Negra sólo le interesa el lenguaje del alma, que todo el mundo domina. Tanto si le grita como si le susurra lo que desea, ella siempre está ahí para escucharle y ayudarle.

¿Necesita recorrer el camino de la Virgen Negra? Dese cuenta de que todas las almas son iguales a sus ojos. No importa su edad, sexo o condición social. No le importa su historia personal. No podría importarle menos cuánto dinero tiene en su cuenta bancaria o si es viejo y arrugado o joven e inexperto. Siempre que se acerque a ella con el corazón abierto y desde la sinceridad, podrá entablar con ella un diálogo sagrado y ella le responderá como necesita.

Guardiana de los secretos del poder espiritual y la transformación

La Virgen Negra encierra secretos que muchos han eludido durante mucho tiempo, sobre todo en lo que respecta al poder espiritual o la capacidad de transformar su vida en lo que le plazca. Esta Diosa está estrechamente vinculada a antiguas tradiciones en las que se honraba a la divinidad femenina. Gracias a estas antiguas conexiones, puede recurrir a ella para obtener conocimientos espirituales sobre cómo utilizar el poder del espíritu para crear la vida de sus sueños. Este ser es una maestra del proceso de la alquimia divina. Dado que ella es la materia bruta (o *prima materia*), que necesita para ejercer el poder espiritual y traer un cambio poderoso en la vida. Nadie mejor que ella sabrá cómo progresar hacia la iluminación.

La Madre Africana es la unión de la luz y la oscuridad. Le muestra cómo estas fuerzas están en su interior, independientemente de que lo reconozca o no. No puede ser siempre de una forma u otra, y ella le recuerda que no hay nada malo en ello. Tiene dos caras. Si se toma en serio su sabiduría y acepta los dos lados aparentemente contradictorios de sí mismo, será más sabio y mejor.

Si busca curación, guía, protección o cualquier otra cosa, siempre puede recurrir a la Virgen Negra, y ella le ayudará. Históricamente, ha habido muchas historias sobre su ayuda a las personas que sufren, ya sea físicamente o de otro modo. Ella es la encarnación del proceso de transformación. Puede hacer todo lo necesario para manifestar la vida que desea. Sin embargo, para asegurarle de que experimenta la mayor facilidad y fluidez posibles, debe conectar con la Virgen Negra. Si se está preguntando si tiene derecho a conectar con esta deidad, como se ha mencionado antes, a ella no le importa de dónde es o con quién se identifica. Mientras se acerque a ella con un corazón sincero y el deseo de ser tocado por su gracia, experimentará milagros.

Capítulo 2: Su arte sagrado

La universalidad del arte

Lo hermoso del arte es que no está limitado por el lenguaje. Eso es lo que lo convierte en un medio tan profundo para tomar conceptos abstractos y asuntos espirituales y traducirlos en cosas que muchos pueden mirar y entender en un instante. No hay mejor medio de expresión que el arte. Tanto si se trata de una escultura como de una pintura, todo el mundo puede entender las emociones y las ideas que transmite una determinada obra de arte. Expresar conceptos espirituales mediante el arte es el proceso de tomar lo intangible y hacerlo real para que pueda relacionarse con ello a un nivel que comprenda. En el momento en que contemplamos una obra de arte, creamos una conexión emocional entre nosotros y esa obra. Lo que saque de lo que ve depende de usted.

El arte es un lenguaje universal que depende en gran medida de la emoción y la imaginación. Independientemente de la lengua que hable o de dónde venga, tiene la capacidad de imaginar. También siente emociones, como todo el mundo. Como el arte se basa en estas dos cosas, es fácil conectar con él a nivel personal. Por eso, cuando contempla una obra de arte que representa a la Virgen Negra, experimenta una profunda conexión con ella.

El arte es un espejo que muestra cómo ha sido el mundo en el pasado y cómo es en el presente. Algunas personas se apresuran a descartar el arte por carecer de importancia. Sería un gran error. En una obra de arte está el espíritu de la época y el lugar en que se hizo. Representa lo que la gente creía y valoraba. Por eso, al contemplar una representación visual de la Virgen Negra, independientemente de la cultura o la época a la que pertenezca, uno se hace una idea de cómo evolucionaba la vida espiritual de la gente de aquella época en torno a esta figura.

No hay mejor manera de crear la experiencia de una conexión compartida que a través del arte. No está limitado por la geografía. No está limitado por la cultura. Así, todo el mundo tiene la oportunidad de conectar con el arte a su manera personal. Cuando mira o contempla una representación de la Virgen Negra, se encuentra conectado con la divinidad femenina. Esa obra de arte es una especie de puente. Ayuda a conectar lo profundo y lo profano, lo sagrado y lo habitual.

Representaciones artísticas de la Virgen Negra

Durante siglos, ha habido muchas representaciones de la Virgen Negra o Madonna Negra en todo el mundo, especialmente en Latinoamérica y Europa. Observará que las imágenes son estatuas como la Madre María con su niño Jesús, salvo que tienen la piel y el pelo oscuros.

La Virgen Negra de Montserrat representa la esperanza para quienes la preceden²

La Virgen Negra de Montserrat es una estatua del siglo XII. Se encuentra en el monasterio benedictino de Montserrat, en Cataluña (España). Se trata de una estatua única tallada en madera negra, y es un lugar de peregrinación que muchos fieles devotos de la Virgen Negra adoran visitar. La Virgen Negra de Montserrat representa la esperanza para los que se presentan ante ella. Ella promete consuelo a los que sufren y necesitan alivio de sus cargas.

En Częstochowa, dentro del monasterio de Jasna Góra, se encuentra la Virgen Negra de Częstochowa, una representación de la Virgen Negra y el niño Jesús. Está pintada sobre madera y luego recubierta de una capa de oro y plata. No hay diosa o ser divino más venerado en Polonia que la Virgen Negra de Częstochowa. Para muchos polacos, representa la identidad polaca. También representa el espíritu de resistencia. Muchas de las grandes revoluciones que condujeron a un modo de vida mejor fueron el resultado de personas dispuestas a resistirse al statu quo. Para los polacos, la Virgen Negra encarna esa energía.

¿Qué le parece la Virgen Negra de Guadalupe? Esta imagen data del siglo XVI y muestra a María y a Jesús. Se encuentra en la Basílica de Nuestra Señora de Guadalupe, en Ciudad de México (México). Según la leyenda, esta imagen apareció milagrosamente en un manto. Era un manto único hecho de fibra de nopal.

Independientemente de su caracterización o de su ubicación, estas representaciones suelen transmitir un mensaje sobre quién es la Virgen Negra. El hecho de que a menudo se la represente como una mujer negra es algo poderoso a tener en cuenta. Es la antítesis de todo lo tradicional desde el punto de vista eurocéntrico. Al ser representada artísticamente como negra, va en contra de lo que se considera cristianismo. Afirma la valía de todos los habitantes del planeta.

Si presta atención a las representaciones artísticas de la Madre Africana, se dará cuenta de que a menudo demuestra compasión. ¿Cómo? Observe cómo sostiene a Jesús junto a su pecho mientras mira a la gente con ojos dulces y bondadosos. Quienes conocen a la Virgen Negra pueden confiar en que será su protectora y su madre en todo momento. Están seguros de que se compromete a interceder por ellos. La Virgen Negra también está representada artísticamente de una manera que demuestra su naturaleza humilde y el poder que posee. Sus ropas son sencillas y su expresión transmite serenidad y paz. Los artistas suelen dibujar un halo a su alrededor, así como otros símbolos que representan la divinidad para recordar que es santa.

Simbolismo en las representaciones artísticas de la Virgen Negra

Las obras de arte que representan a la Virgen Negra utilizan el simbolismo para comunicar la esencia espiritual de esta deidad. Mientras que la oscuridad de su piel representa su conexión con la humanidad, el halo que rodea su cabeza representa su conexión con la divinidad. Cuando se representa a la Virgen Negra sentada en un trono con Jesús en su regazo, se dice que es la Madre de Dios y la Reina del Cielo. Hay otras representaciones de la Virgen Negra que la muestran sosteniendo el cuerpo crucificado de Cristo. Esta postura demuestra su compasión por los que sufren.

A veces, la Virgen Negra aparece vestida de azul y blanco. El color azul representa la gracia. Algunos dicen que también simboliza lo que significa ser puro, del mismo modo que el blanco. Estos colores demuestran la esencia de la Virgen Negra.

También se la puede ver con ciertos accesorios, como una corona. La corona recuerda que es la Reina del Cielo. Cuando se la representa con un cetro en la mano, se recuerda que tiene autoridad sobre la vida. ¿Sabía que incluso sus gestos son simbólicos? Cuando levanta la mano, le está bendiciendo. Cuando sus manos sostienen a su hijo Jesús, representa la energía del amor maternal. Algunas representaciones de la Virgen Negra la muestran señalando, como invitándole a conectar con su energía para que pueda disfrutar de su protección y amor. Estos son sólo algunos elementos de las diferentes representaciones de la Virgen Negra en el arte.

Conectando a través del arte

Llegados a este punto, debería ser obvio que las representaciones de la Virgen Negra no son ordinarias. Son herramientas sagradas y poderosas que pueden actuar como portales para conectarle con el mundo espiritual. Ya sea que decida mirar su arte, crear algo de arte con su imagen o meditar en sus imágenes, puede establecer una conexión con la divinidad y permitir que la divinidad femenina fluya libremente en su vida. Puede aprovechar esto sentándose con el arte y observándolo. Cuanto más lo contemple, más profundo será el significado que extraiga de él, lo que significa que tendrá una conexión más fuerte con esta deidad. Sabrá que tiene una conexión profunda con el arte de la Virgen

Negra cuando sienta emociones fuertes en su interior.

Si quiere expresar su devoción a la Madre Africana, también puede crear arte sobre ella. Mientras crea, puede meditar sobre lo que ella significa o lo que ha hecho por usted. Al elegir crear arte, expresa su lado espiritual. La obra que crea tampoco es ordinaria, ya que se convierte en un portal por el que deja pasar su energía.

¿No le interesa crear arte? Hay otras formas de honrar a la Virgen Negra y conectar con ella. Por ejemplo, puede meditar sobre su imagen. Lo único que tiene que hacer es concentrarse plenamente en ella y, cuando note que su mente divaga, volver a centrarse en su imagen. Al hacerlo, sus pensamientos se aquietan y su mente se siente en paz. Entonces puede concentrarse en su energía y en lo que representa. Piense en lo que le gustaría que ella hiciera en su vida. Meditar en su imagen es suficiente si no está seguro de lo que le gustaría que la Virgen Negra hiciera por usted. Al hacerlo, experimentará una transformación. La Virgen Negra sabe mejor que usted lo que necesita. Estará encantada de ayudarle y bendecirle. Además, muchos pueden dar testimonio de haber obtenido una visión espiritual cuando meditan en su imagen. Reciben orientación sobre situaciones concretas o sobre su vida en general. Como resultado, experimentan una transformación. Usted puede experimentar lo mismo.

Historias y leyendas

Según la leyenda, el cuadro de Nuestra Señora de Częstochowa fue pintado por San Lucas Evangelista. Se dice que esta pintura tiene el poder de curar y ha curado a muchos. Cientos de miles de peregrinos acuden cada año al monasterio con la esperanza de que la Virgen Negra les toque con sus manos sanadoras. En 1655, invasores suecos pusieron sus ojos en el monasterio de Jasna Góra. La leyenda cuenta que la Virgen Negra salvó al monasterio de los invasores.

En 937, Otón el Grande creó Magdeburgo. Quería que la catedral tuviera una abadía benedictina. En 1207, la catedral tuvo que ser reconstruida desde cero porque había sufrido un horrible incendio. Según la leyenda, sólo una estatua permaneció en pie con velas aún encendidas ante ella, mientras que todo lo demás quedó reducido a cenizas. ¿Qué estatua era? La Virgen Negra.

La Virgen Negra de Guadalupe se reveló por primera vez a un hombre llamado Juan Diego en 1531. Le dio instrucciones muy claras para construir una iglesia en el cerro del Tepeyac. Juan hizo un descubrimiento asombroso sobre la colina, ya que se dio cuenta de que allí florecían rosas cuando era invierno. Así que recogió algunas de esas rosas y las guardó en su capa. Juan se dirigió hacia el obispo. Cuando entregó las rosas al Obispo, el hombre de la tela se dio cuenta de que el rostro de la Virgen estaba en la tela. El manto aún existe, guardado a buen recaudo en la Basílica de Guadalupe.

¿Y la Virgen Negra de Einsiedeln? También se la llama Nuestra Señora de los Ermitaños. ¿Por qué? Porque fue un ermitaño quien la descubrió en el siglo IX. Su nombre era Meinrad. Estaba tan enamorado de su gracia y bondad que le construyó una capilla. Con el tiempo, el pobre Meinrad sería asesinado por unos ladrones que querían quedarse con la estatua. Lo que sucedió después es un testimonio de la justicia de la Virgen Negra. Dos cuervos siguieron a los ladrones asesinos. Estas aves revelaron a las autoridades lo que estos hombres habían hecho a Meinrad, y se hizo justicia. La estatua fue trasladada al monasterio. Allí, la gente la honra por la protección que ofrece a viajeros y peregrinos. Estas son sólo algunas de las historias y leyendas que rodean a la Virgen Negra. Incluso ahora, sigue bendiciendo, guiando, protegiendo, curando y nutriendo a quienes la aman. La gente conoce el poder que puede utilizar para mejorar su vida a través de obras de arte que representan a la Madre Africana.

Capítulo 3: Sus temas y simbolismo

En este capítulo, va a profundizar aún más en los temas y el simbolismo relacionados con la sagrada Virgen Negra. Este ser divino es mucho más que eso. Hay muchas capas ricas y complejas de significado en sus imágenes. Este capítulo está escrito con la intención de ayudarle a entender esos significados para que los utilice en su práctica espiritual con ella.

La Madre Divina

Cuando la Virgen Negra es representada como la Madre Divina, resuena con fuerza en todos y cada uno de nosotros debido al arquetipo conocido como la Madre. Su maternidad resplandece cuando acuna a su bebé en brazos o sostiene el cuerpo crucificado del Salvador, Jesucristo. Hay algo profundo en la psique humana que desea el amor maternal. Cuando las cosas no van bien, algunos llaman a sus madres o al menos desean tenerlas con ellos. Hay una buena razón para ello.

La energía maternal nutre y transmite seguridad[a]

La energía maternal nutre y transmite seguridad. La Virgen Negra evoca lo que significa el amor y el consuelo maternos. Está ahí para servirle de escudo. Está a su lado y nunca está solo, pase por lo que pase. El amor de una madre es incondicional. Lo mismo puede decirse del amor que la Virgen Negra siente por usted. Ella tiene un vínculo con su hijo que es irrompible. Usted es su hijo. Es la representación de Jesús en sus brazos. Ella se dedica a mantenerle a salvo en todo momento.

¿Le parece que la vida ha sido terrible últimamente? Acuda a la Virgen Negra y ella le ofrecerá el consuelo que anhela. ¿Se siente perdido y necesita ayuda para saber cuál es la mejor opción ante una situación? Puede confiar en su sabiduría maternal para que le guíe. ¿Se siente crónicamente inseguro haga lo que haga? Si se entrega a ella, le protegerá día y noche.

Puede conectar con ella a través de sus obras de arte. Comprenda que el arte es algo más que arte. Es la cristalización de su energía, que puede actuar y actuará en su vida si se lo permite. A menudo, en sus representaciones con su bebé o con Cristo crucificado, tiene los ojos llenos de amor. Le mira suavemente, haciéndole saber que le comprende. Sus ojos le invitan a acercarse a ella y a refugiarse en sus brazos. Le dicen que no tiene que hacerlo solo. Puede trabajar con su guía para sentir más certeza y seguridad. Sus ojos transmiten la sabiduría de una madre. ¿Qué madre en la Tierra podría superar a la Madre Divina?

La luz y la oscuridad

El estudio de las obras de arte de la Virgen Negra revela una interesante interacción de luz y oscuridad. No es casualidad. En la danza de la luz y la oscuridad se entretejen capas de significado. Para empezar, la Virgen Negra tiene la piel negra. Es representativa de lo divino femenino y de cómo se expresa. La negrura es la fuente de la vida, que le ayuda a conectar con el poder y los misterios de la creación. Todas las cosas que se crean provienen primero de la oscuridad. Algunas personas asumen que la oscuridad o la negrura es un signo de ignorancia o algo que no está claro. Estas personas no podrían estar más equivocadas. La oscuridad en la obra de arte de la Virgen Negra es una representación de perspicacia espiritual y sabiduría profunda. Es como mirar en un pozo muy profundo. En un momento dado, ya no puede ver lo que hay en el fondo debido a lo profundo que es. Lo único que ven sus ojos es oscuridad, pero dentro del pozo hay agua limpia y refrescante.

Del mismo modo, la mente humana no puede comprender plenamente ni captar la sabiduría que encierra la Virgen Negra. Afortunadamente, no tiene que comprenderla plenamente. Sólo tiene que confiar en su capacidad para ayudarle en lo que necesite.

¿Y la luz de la aureola de la Virgen Negra? ¿O la luz que la rodea? Esto no se hace sólo con intenciones artísticas, sino para representar un poderoso mensaje espiritual. Cuando atraviese la noche oscura del alma, puede contar con la Virgen Negra para que le traiga la luz de la revelación y la perspicacia. Si está acostumbrado a sentirse inseguro y poco claro sobre su vida, recibirá claridad e inspiración dedicándose a ella. El aspecto luminoso de la Virgen Negra simboliza la conciencia superior que recibe al elegir recorrer un camino espiritual con ella como guía. La vida es complicada. No es fácil averiguar cuál es su lugar en el mundo o qué debería hacer. Sin embargo, si acude a la Virgen Negra, ella le guiará por el laberinto de la vida. Todo lo que tiene que hacer es coger su mano. Confíe en que ella sabe adónde debe ir y que es un buen lugar para usted.

Cuando medite sobre la interacción de la luz y la oscuridad en las representaciones artísticas de la Virgen Negra, encontrará una poderosa metáfora. La luz y la oscuridad representan el potencial que tiene para crecer y transformarse en algo más bello de lo que es. Estos dos elementos demuestran que tiene la capacidad de superar los retos y el sufrimiento y experimentar una vida mejor. La danza cósmica entre ambos nos recuerda la frase del poeta Dinos Christianopoulos: "Intentaron enterrarnos, pero no sabían que éramos semillas". Incluso si su vida parece un poco oscura en este momento, trabajando con la Virgen Negra, acabará atravesando la tierra oscura y entrando en la luz.

Otro aspecto interesante de la interacción entre la luz y la oscuridad, tal y como se representa en las obras de la Virgen Negra, es que hay poder en el sufrimiento. No, esto no significa que ella quiera que sufra en la vida. Le pide que recuerde que cada vez que ha pasado por un reto, se ha transformado en alguien más fuerte y resistente de lo que solía ser. Quiere que recuerde que las pruebas por las que está pasando no son el final de su historia. Esas luchas son una parte necesaria del viaje de su vida. Piense que es como pasar el oro por el fuego para refinarlo y que pueda brillar y resplandecer. La luz y la oscuridad de la Virgen Negra le recuerdan que puede crecer, sanar y evolucionar espiritualmente cuando acepta las lecciones de su sufrimiento.

El sufrimiento y la compasión

Su compasión no tiene límites[4]

Un análisis en profundidad de las obras de arte de la Virgen Negra revelará también temas destacados de sufrimiento y compasión. Este es especialmente el caso cuando se la representa como Mater Dolorosa, también llamada la Madre Dolorosa. Esta es una lección sobre cómo la empatía, el sufrimiento y la compasión se entrelazan para crear una narrativa que inspira a todos. Como Mater Dolorosa, representa el antiguo arquetipo del sufrimiento diario contra el que luchan los seres humanos. Cuando la vida se siente como una carga que hay que soportar, la Virgen Negra está ahí, dispuesta a ser su ayuda. Está llena de empatía y comprende las penas que está experimentando. Lo único que desea es estar ahí, enjugar sus lágrimas y aliviar la carga que pesa sobre su espalda y hace que sus hombros se caigan. Como Mater Dolorosa, tiene lágrimas en los ojos, siente la tristeza, la pérdida y el dolor de toda la humanidad.

La Madre Africana está unida a usted a nivel emocional. No sólo le ve cuando sufre. Ella siente cada una de las cosas por las que pasa. Su compasión no tiene límites. Siempre que se sienta triste, puede ver ilustraciones suyas como la Madre Dolorosa y sacar fuerzas y consuelo de ella. Ella quiere que sepa que no está solo, y siempre será su compañera cuando nadie más esté a su lado.

La Madre Dolorosa le ama incondicionalmente como cualquier madre a su hijo. Está dispuesta, ansiosa e incluso desesperada por alcanzarle y acogerle en sus brazos amorosos. Las personas que han vivido experiencias terribles pueden dar testimonio de la profundidad de su amor. La Virgen Negra no es un dios en lo alto del cielo, lejano y alejado de su dolor. No se conforma con decirle: "Mis caminos son mucho más misteriosos de lo que pueda comprender", y espera que se conforme. Hace todo lo que está en su mano para que su consuelo sea tan real para usted como las palabras de esta página.

El arquetipo de la Mater Dolorosa le recuerda que puede curarse, pero sólo cuando elige ser compasivo. Y lo que es más importante, debe extender esta compasión a sí mismo. La curación sólo puede empezar cuando acepta que siente dolor. No es fácil admitir su sufrimiento. Sin embargo, si puede enfrentarse a la verdad y conectar con la Virgen Negra, encontrarás (en ella) un espacio para el duelo. Encontrará ese espacio reconfortante. Se dará cuenta de que ella le comprende más que nadie. Ella es la única en el mundo que nunca le juzgaría y le ama incondicionalmente.

No tiene que ser ni hacer nada para recibir su amor. Cuando muestre compasión a sí mismo y permita que la Virgen Negra le demuestre su compasión, experimentará la curación a todos los niveles. Su cuerpo se sentirá mejor. Su mente funcionará mejor. Además de todo eso, si hay alguna emoción con la que esté luchando, encontrará alivio para ella. Esta es la definición de la curación verdadera y completa. Esto es lo que le ofrece la Madre Dolorosa.

Sanación y transformación

Otra forma popular de representar a la Virgen Negra es como la Madre Divina, responsable de curar a todo el mundo. Cuando está presente en su vida, es como un bálsamo milagroso que le alivia y le cura en todos los sentidos. Si quiere experimentar su poder curativo, puede hacerlo. Decida entregarse a ella y confíe en que le dará un resultado satisfactorio y pleno.

La Madre Africana representa la idea de esperanza cuando las cosas no van bien. Puede sacar fuerzas de ella si se siente cansado e incapaz de continuar con lo que esté luchando. Permítale que llene su corazón de esperanza y se sorprenderá de cómo puede volver a levantarse y seguir adelante. Su poder transformador convierte su cansancio en fortaleza. Toma sus debilidades y las convierte en fortalezas. Si le da todas sus dudas y miedos, ella los transformará en certeza y confianza. No hay transformadora más poderosa que la Divina Femenina, la Madre Negra en persona.

La Madre Divina es la alquimista original. Ella toma su experiencia humana y la mejora, ayudándole a descubrir más de lo que es. Cuanto más se descubra en ella, más resistente se volverá. Cuando emprende un viaje de sanación y decide caminar con la Virgen Negra, primero debe estar en paz con las cosas ante las que se siente vulnerable. ¿Qué le aterroriza? ¿Qué le ha hecho sentir perdido e inseguro? Sean cuales sean esas cosas, debe ser sincero con ellas.

¿Por qué debe reconocerlas? Aceptar cómo se siente deja espacio para que la Divina Femenina trabaje su alquimia en usted. La verdad sobre sus inseguridades, dudas y preocupaciones es que son el combustible para el milagro que espera. Son la materia prima que la Madre Divina convertirá en los resultados que busca. Puede permitir que este cambio comience cuando se rinda a ella. Comience desde el interior y abra su camino hacia el exterior, para que todos en su vida vean que el toque de la Madre realmente le ha transformado.

Revelando la sabiduría de la Diosa

Cada pincelada de un cuadro de la Virgen Negra refleja la esencia de lo divino femenino. A medida que medite en este arte, irá desvelando los distintos aspectos de la Madre. Cuanto más descubre, más se convierte en lo que descubre. Se transforma en la imagen de la Madre, tan sabia, amorosa, nutritiva, protectora y creativa como ella.

Mire todas las obras de arte que representan a la divinidad femenina como la Virgen Negra a través de estas lentes. Al hacerlo, descubrirá que la obra de arte es mucho más que una simple expresión artística. Aprenderá que la figura de la Virgen Negra es un pozo profundo lleno de guía espiritual y perspicacia. Experimentará y expresará su sabiduría poco común.

Cuanto más se permita pensar en la Virgen Negra, más se dará cuenta de que no es una deidad externa normal. Nadie podrá convencerle de lo contrario. Tendrá experiencias que le mostrarán que está con usted todo el tiempo. La lleva en lo más profundo de su alma. No puede separarse de ella. Puede que a veces sienta que está distante, pero eso es porque ha cerrado los ojos a su presencia en su vida. Como Madre Divina, no puede abandonar a los suyos. Es uno de ellos, así que, siempre que se sienta solo o como si ella no estuviera, recuérdelo.

Si se permite empaparse de las percepciones que obtiene al pasar tiempo reflexionando y meditando sobre la Madre Negra, descubrirá su propósito. Ella es un río de inspiración que fluye sin cesar y del que extraer todo el contenido de su corazón. A través de su simbología, sus temas y sus obras de arte, descubrirá que la Virgen Negra es la que ha estado buscando toda su vida.

Capítulo 4: Su poder transformador

Antes de comprender el poder transformador de la Virgen Negra, es esencial explicar lo que significa ser transformado en los contextos espiritual y personal. Cuando experimenta una transformación, nota que su vida ha cambiado permanentemente de forma observable. La transformación que experimenta afecta a su forma de percibir el mundo. Llega a pensar en la vida de forma diferente. Descubre un aspecto de sí mismo del que tal vez no era consciente hasta el momento en que cambió. En el pasado, puede que supusiera que tenía una idea clara de quién es y de lo que quiere en la vida. Sin embargo, cuando experimenta el poder de la transformación espiritual, todo lo que creía saber sale volando por la ventana. Siente un propósito mucho más profundo que nunca. Está conectado a algo más grande. En pocas palabras, ha crecido.

Su metamorfosis puede producirse en un abrir y cerrar de ojos o a lo largo de un periodo de tiempo[6]

La pregunta es: ¿qué es exactamente lo que desencadena esta profunda transformación? Puede que haya tenido una serie de experiencias que le hayan hecho ver las cosas de otra manera. La transformación puede ser el resultado de una crisis personal. Tal vez sus prácticas espirituales dieron sus frutos y experimentó un despertar. O puede que se haya dedicado a desarrollar su vida. Sea cual sea el caso, su metamorfosis puede producirse en un abrir y cerrar de ojos o a lo largo de un periodo de tiempo. Este cambio afecta a todos los aspectos de su vida. Sus patrones de pensamiento cambian. También cambia su base emocional. Incluso su cuerpo puede reflejar los cambios que ha experimentado espiritualmente. No es extraño que eso ocurra porque, después de todo, todo en la vida surge primero de lo espiritual.

Alquimia interna

La alquimia interior consiste en aprender a cambiar por dentro para que su mundo exterior se transforme con usted. En el sentido original de la palabra, la alquimia consiste en convertir el plomo en oro. En el contexto de la autotransformación, es tomar su naturaleza inferior y elevarla.

A medida que experimenta diferentes obstáculos y retos en la vida, se le da la oportunidad de enfrentarse a sus sombras. Elija ser valiente cuando se encuentre con estos sucesos. ¿Por qué? Al decidir que no va a huir de sus sombras, tiene la oportunidad de sanar sus heridas. Cuando experimenta una curación profunda, se produce una alquimia interior. Suelta todo lo que no le sirve. Como resultado, crea espacio en su vida para que brille su auténtico yo.

El proceso de transformación implica reunir los distintos aspectos de uno mismo para crear un ser más cohesionado. A medida que experimenta la transformación espiritual interior, aprende y crece. La mayoría de la gente vive de la energía divina masculina y descuida completamente la divina femenina. Sin embargo, ha elegido leer este libro. Implícitamente, está aprendiendo a integrar sus lados masculino y femenino para alcanzar la totalidad. Este es el objetivo de la transformación.

La Virgen Negra puede ayudarle a ser más consciente de cómo se expresa. Ella le muestra los patrones de comportamiento que no le sirven. Puede mostrarle cómo ha estado reteniendo emociones negativas y cómo liberarlas para convertirse en la persona que está destinado a ser. ¿Cuáles son algunas de las formas en que el proceso de alquimia interior se desarrolla en su vida?

Purificación: Cuando pierde a alguien o algo querido o experimenta una traición, se ve bombardeado por una serie de emociones negativas. Estas emociones dificultan ver lo bueno de esa experiencia. La ira nubla su mente. La tristeza se apodera de su corazón. Hay un sentimiento de asco en sus entrañas que le hace estar resentido con la persona que le ha traicionado o maldecir a la vida por haberle quitado lo que apreciaba. Es natural experimentar estas emociones, así que no se castigue por no poder evitar lo que siente. El problema viene cuando no suelta las emociones negativas después de reconocerlas. Si las retiene demasiado tiempo, se vuelven tóxicas. ¿Cómo se purifica de este veneno? No hay mejor persona para ayudarle en el proceso que la Virgen Negra.

Refinamiento: Dé rienda suelta a la Madre Africana para transformar su vida. Descubrirá que las pruebas a las que se enfrenta pueden revelar sus talentos y habilidades, algunos de los cuales no tenía ni idea de que poseía. Cuando ella le guía a través de un reto cogiéndole de la mano y dándole valor, le corresponde a usted descubrir sus talentos y practicar para perfeccionarlos. Por ejemplo, su reto puede ser haber perdido un trabajo bien pagado. Se siente acabado. Sin embargo, esta circunstancia puede llevarle a descubrir que es un excelente orador. Descubre que tiene facilidad de palabra. Cuando la Madre Divina le inspira a usar ese don, y lo hace, la gente empieza a gravitar hacia usted. Quieren aprender de usted. Están felices de pagar por escucharle hablar. Encuentra oportunidades que le permiten expresar estos talentos aún más. Podría encontrar un trabajo mucho más satisfactorio que el que había perdido. Éste es sólo un ejemplo de cómo la Virgen Negra puede ayudarle.

La Virgen Negra: catalizadora del cambio

El arquetipo de la Virgen Negra es la mejor representación de la transformación. Es la encarnación de la curación y la autorrealización. Esta deidad es la representación del lado oscuro de la naturaleza. Es la representación de la mente inconsciente y la expresión del principio femenino, sin filtrar ni refinar. En su sagrada posición de Madre de todos, posee el poder de transformar su vida y curarle en todo lo que necesite. Cuando invoca a la Virgen Negra, recurre al poder de lo divino femenino, y este poder es lo que transforma su vida. ¿Cómo le ayuda ella con su alquimia interior? ¿De qué manera la Virgen Negra sirve de catalizador para alcanzar su verdadero yo y sanar?

Le da el valor para enfrentarse a sus sombras. Lo primero que hace la Virgen Negra es hacerle consciente de su aspecto sombrío. Es imposible sanar esta parte de sí mismo si, para empezar, no sabe que existe. A medida que su luz ilumine su vida, descubrirá las partes oscuras de su psique y aprenderá lo que hay que integrar y sanar. Son las partes de uno mismo que ha desechado porque el mundo no las aprobaba. En el momento en que toma conciencia de su aspecto sombrío, ella le ayuda a aprender a aceptarlo. Existe la creencia errónea de que la sombra es algo que hay que reprimir o ignorar por completo. Por esta razón, muchas personas viven una vida a medias. Descartan literalmente una parte de sí mismas y se preguntan por qué no se sienten realizadas. La Virgen

Negra ayuda a aceptar todo lo que uno es y a comprender que, independientemente de la sombra, es digno de ser amado. En el momento en que acepta su propuesta de estar en paz con la sombra, puede transformarla. Ella le da la fuerza y el valor para sacar a la luz las heridas y curarlas. Entonces, podrá integrar su sombra y volverse completo.

La Virgen Negra puede ayudarle a vivir una vida de autenticidad. Una de las formas en que esta deidad puede animarle a ser uno mismo es aceptando su vulnerabilidad. Su piel negra refleja que es humano. Es un recordatorio de que lucha como todo el mundo. No está solo en su camino. Por lo tanto, no hay razón para que tenga miedo de su vulnerabilidad, porque todo el mundo la tiene. Si presta atención a su llamada para reconocer que tiene vulnerabilidades, puede empezar a vivir una vida auténtica. Al trabajar con ella, descubre sus valores fundamentales. Estos valores influirán en sus decisiones vitales y le ayudarán a vivir con autenticidad.

Ella le conecta con su yo empático y compasivo. Los devotos de la Virgen Negra pueden atestiguar que tienen más compasión y empatía que antes de encontrarla. Con su presencia en su vida, experimentará lo mismo. Se dará cuenta de que todo el mundo tiene luchas, igual que usted. Su empatía crece. Sus interacciones con las personas de su vida serán mucho más significativas. ¿Por qué? Trata a los demás con el corazón abierto, dándose cuenta de que todos tienen una carga. Así que los trata con un poco más de amabilidad, y ellos le devuelven esa energía y la dirigen a los demás. Al mundo le vendría bien mucha más amabilidad.

Con la Virgen Negra, por fin puede encontrar su propósito. Si honra a la Virgen Negra y la lleva a todos los aspectos de su vida, ella le mostrará su propósito. ¿Le vendría bien un poco de inspiración sobre qué hacer con su vida? Entregue sus asuntos a la Virgen Negra. Es inevitable que, una vez que lo haga, tenga una comprensión mucho más profunda de por qué ha venido a la Tierra. Cuanto más tiempo pase contemplando la esencia de la Virgen Negra, más tranquilo se sentirá. Cada día estará más seguro de su viaje, confiando en que le está llevando al final perfecto. Ella le pide ahora que tome una decisión audaz. Quiere que responda a la llamada del destino en lugar de ignorarla porque cree que es la apuesta más segura. Aunque se sienta aterrorizado, puede sacar fuerzas de ella.

El poder y el impacto de la Virgen Negra en su vida

La Virgen Negra es la intercesora por excelencia. Actúa como intermediaria entre el cielo y la tierra. Siempre que desee algo del mundo de los espíritus, ya sea bendición, dirección, curación o sabiduría, puede acudir a la Virgen Negra y confiar en que se lo concederá. Permita que la Virgen Negra actúe como intercesora en su nombre. Al hacerlo, sentirá una paz que no se compara con nada que haya conocido antes. Tiene a alguien que puede abogar por usted y defender su caso siempre que lo necesite. Ya no se sentirá solo si confía plenamente en la Virgen Negra. En otro tiempo, puede que la desesperación se apoderara de usted. Ahora, sabe que siempre está a salvo.

¿Cómo puede saber que la Madre Negra intercede por usted? Notará una sensación de bienestar. Su corazón se inundará de optimismo incluso cuando no pueda ver una razón lógica para tener esperanza. Es como si ella infundiera fuerza en su espíritu. Contrarresta la adversidad con alegría. Así que, cuando se enfrente a una crisis, acostúmbrese a recurrir a la Virgen Negra.

La Virgen Negra tiene poderes protectores que afectan a todos los aspectos de su vida cuando le permite formar parte de ella. Nada ni nadie puede darle la sensación de seguridad que ella le dará. La seguridad que ofrece no es económica. No viene en forma de sistemas avanzados de seguridad para el hogar. Le ofrece seguridad divina, que está por encima de todo lo demás. Cuando es más vulnerable e inseguro, y le preocupe quién pueda aprovecharse de usted, ella le cuidará.

La Virgen Negra protege y provee a cada uno de sus devotos. Puede descansar en sus brazos amorosos y protectores en este mundo lleno de obstáculos e incertidumbres. Ella ofrece la paz que sobrepasa todo entendimiento. ¿Es usted propenso a la ansiedad? ¿Está siempre estresado? ¿Desearía poder relajarse más? En ese caso, ya es hora de que le pida a la Virgen Negra que se ocupe de sus asuntos. Una vez que se entregue a ella así, manejará todas las dificultades y pruebas de la vida con facilidad y gracia. No le importaría que el mundo ardiera. Sabría que, en medio del caos, podrá encontrar la paz con la Madre.

Otro poder de la Virgen Negra es ayudarle a encontrar su fuerza interior. Es un recordatorio de que puede ser fuerte cuando se enfrenta a los retos que le plantea la vida. Algunas personas confunden la fuerza con la agresividad y el descaro. A menudo, se trata sólo de una demostración de fuerza y no de la verdadera. Es una ilusión destinada a ocultar o camuflar inseguridades. Lo que la Virgen Negra le ofrece, es más. Le muestra la verdadera fuerza, una fuerza que perdura. Puede que sea silenciosa, pero es poderosa. No hay un solo obstáculo que pueda resistir la fuerza de la Virgen Negra en su interior. Cuando le pide que le fortalezca, puede que sus dudas y temores sigan ahí, pero los afrontará con más confianza. Los afrontará con tenacidad. Puede que se encuentre en medio de la más inquietante de las tormentas. Sin embargo, sabe que tiene un espíritu indomable en la forma de la Virgen Negra.

La fuerza que le ofrece la Virgen Negra puede utilizarla en todos los aspectos de la vida, tanto profesional como personal. Su fuerza le ayudará a enfrentarse a los proyectos difíciles con confianza y garbo. ¿Existen ciertas complicaciones y complejidades en el camino para avanzar en su carrera? Pídale que le llene de su fuerza. ¿Le cuesta ser auténtico y expresarse en sus relaciones personales? Ella puede ayudarle para que sus emociones y pensamientos fluyan con honestidad. Ya no tendrá reparos en afrontar los conflictos de frente y de la forma más eficaz posible. Sean cuales sean sus sueños, ya no tendrá miedo de hacerlos realidad. La fuerza de la Virgen Negra le anima a asumir riesgos que normalmente no asumiría. Si confía en ella, su apuesta dará sus frutos.

Inspirando el cambio espiritual

Sanar y dejar ir: Una de las características de la Virgen Negra es que deja claro que está bien aceptar las partes de su vida con las que lucha. Como todo el mundo tiene algo de equipaje, le recuerda que debe evitar que esas cosas le desgasten. ¿Quiere crecer espiritualmente? Piense si se está aferrando a viejos rencores. Si le cuesta traer alguno a la mente, ella le recordará lo que ha reprimido. Cuando descubra estas cosas, verá que es esencial dejarlas ir. No hay forma de progresar en su vida espiritual cuando toda esa negatividad le pesa.

La divinidad femenina es un faro de luz. Ella brilla intensamente para mostrarle cómo liberarse de todas las cargas que le oprimen. No, no le está pidiendo que finja que su pasado nunca ocurrió. Si intenta mentirse a sí mismo sobre su pasado, se está frenando. En lugar de eso, reconózcalo. Cuando se rinda a su guía, le ayudará a comprender por qué pasó por lo que pasó. Esto le ayudará a liberarse del dolor para que pueda crecer. Cuando se da cuenta de que ya no tiene que aferrarse al dolor y a la ira, su vida da un giro espiritual. Este es el regalo que la Virgen Negra le ofrece, si decide aceptarlo.

Conquistar el miedo: El miedo es otra cosa que puede frenar la transformación y el crecimiento espirituales. Es algo con lo que todo ser humano tiene que luchar. A pesar de todos los avances de la ciencia y la tecnología, la humanidad aún no ha descifrado el código para acabar con el miedo. Por lo tanto, pensar en cómo evitarlo o eliminarlo totalmente de su vida es poco realista. Sin embargo, existe una solución. Puede entregar sus miedos a la Virgen Negra y ella le ayudará a superarlos. No es que vaya a realizarle una lobotomía espiritual que le impida sentir miedo. Más bien le invita a afrontarlo. Es algo desalentador, pero, si confía en ella, descubrirá que siempre ha tenido el coraje en su interior para manejar el miedo.

No puede hacer avances espirituales sin superar el miedo. El miedo es una energía restrictiva. Le mantiene cautivo. Le impide acceder a las maravillosas oportunidades que se le presentan. Justo cuando está a punto de dar un salto de fe y hacer algo que mejoraría su vida, el miedo le recuerda las innumerables veces que fracasó en el pasado. Así que deje que le ayude con eso. Nunca está solo. No hay mejor compañera que la Madre Africana en su viaje. Impulsado por su poder y su misterio, encontrará el valor para enfrentarse a todo lo que le provoca pesadillas. Verá, la esencia de la Virgen Oscura trasciende todo lo que pueda imaginar. La ansiedad, la preocupación, el miedo y la duda se acobardan en su presencia.

Expresión creativa: ¿Le resulta difícil desarrollar nuevas ideas? ¿Está experimentando bloqueos creativos? ¿Sabía que la Madre es la persona más indicada para ayudarle? La Madre le anima a confiar en sí mismo y en sus capacidades. La Virgen Negra hace lo mismo. Ella va un paso más allá, ofreciéndole ideas fuera de este mundo. La divinidad femenina es una fuerza creativa. Recuerde que toda la vida surgió de la oscuridad. Esta oscuridad está encarnada en la piel oscura de la Virgen Negra. Ella sirve como recordatorio de que también puede crear en cualquier momento.

Reconocer la presencia de la Virgen Negra en su vida le permite utilizar su imaginación de una forma que nunca habría imaginado. Cuando se bloquea en su trabajo creativo, a menudo le asaltan el miedo y el deseo de ser perfecto. Al meditar en la Virgen Negra, ella le recuerda que no necesita hacerlo perfecto. Sólo necesita hacerlo bien. También le recuerda que debe controlarse para estar seguro de que está creando lo que quiere y no lo que cree que los demás preferirían.

Si quiere sentir su poder creativo y su acción la próxima vez que haga algún trabajo, considere invocar su presencia primero. Notará que se arriesga más y se divierte expresándose con autenticidad. La creación es un acto profundamente espiritual. No importa si está intentando crear un sentimiento en su interior o una obra de arte externa. Puede visualizar algo creativamente en su mente o verterlo sobre el lienzo. En cualquier caso, se trata de un proceso espiritual. Cuanto más crea, más se transforma espiritualmente. Permite que su energía fluya poderosamente a través de usted, y esto afectará a todos los aspectos de su vida. A medida que crea, va más allá de lo ordinario. Traduce sus experiencias interiores a través de su obra de arte de las formas más profundas y únicas.

Historias inspiradoras

La historia de Lisa: Lisa es una artista con mucho talento, pero el problema es que nunca dejó que nadie lo supiera. Tenía mucho miedo de que la criticaran y, como no quería que la juzgaran por su arte, nunca se expresaba como quería. Su necesidad de conformidad y aceptación acabaría por convertirse en un deseo de perfeccionismo. Cada vez que ponía el pincel sobre el lienzo, sentía el rugido de muchas voces que se burlaban de ella, aunque en realidad esas voces no existieran. Durante muchos años, permaneció en su zona de confort y descubrió que lo que antes le gustaba ya no le llenaba.

Las cosas cambiarían un día en que se encontraba visitando un santuario de la Virgen Negra. Lo primero que le llamó la atención del santuario fue su aura, divina y serena. Si le hubieran preguntado, habría dicho que era como entrar en un mundo completamente distinto. Fijó los ojos en la impresionante imagen de la Virgen Negra y, de repente, deseó saber más sobre ella. Así que, cuando volvió a casa, se sumergió en el tema de la Virgen Negra y leyó todo lo que pudo. Ni siquiera se dio cuenta de que se había quedado dormida mientras investigaba en el sofá.

Resultó que esa era la intención de la deidad. Lisa soñó con ella. La Virgen Oscura le dijo: "Tu voz es poderosa y única. Tus manos han sido bendecidas para crear obras maravillosas. Es hora de que te permitas ser tan grande como eres". Lisa despertó de aquel sueño con la sensación de que no era un sueño cualquiera. Lo describiría como "más real que la vida real". Con un nuevo fuego ardiendo apasionadamente en su corazón, Lisa fue a su estudio e inmediatamente se puso a trabajar. Las dudas que solían atormentarla ya no existían. Sumergió su pincel en colores audaces y atrevidos, creando a su antojo. La primera obra que creó tras la visión de la Virgen Negra no se parecía a nada que hubiera hecho antes. Ya no tenía miedo de arriesgarse. Desde que tuvo ese sueño, su vida artística no ha vuelto a ser la misma, tanto en términos de inspiración como de reconocimiento por parte de los demás.

La historia de Michael: Michael tuvo una infancia terrible y traumática. Podía recordar parte de ella, mientras que reprimía otros recuerdos en lo más profundo de su subconsciente. Una cosa seguía siendo innegable: Michael podía sentir el peso de todas sus cicatrices emocionales. El trauma manchaba todo lo que hacía. Imagínese llevar pesadas cadenas alrededor del cuello y los tobillos durante más de treinta años. No se daba cuenta de que tenía una cita con el destino, concretamente con la Virgen Negra. Por capricho, decidió acompañar a un amigo en una peregrinación a la Virgen Negra, aunque pensaba que todo era una tontería. Sólo iba por la experiencia de ver cómo esta deidad enamoraba profundamente a los demás.

Al llegar, el escéptico que Michael llevaba dentro se animó a decir que se trataba de una secta. Estaba a punto de expresar este pensamiento a su amigo cuando sintió una pesada sensación en el pecho; sin entender cómo ni por qué, sintió un intenso deseo de arrodillarse en el suelo. Así que se arrodilló. Era como si el suelo le hiciera señas, y no pudo resistirse. Así que se tumbó. Sintió que le invadía una sensación de paz que nunca antes había experimentado. La serenidad era tan grande que lloró largo y tendido. Cuando por fin salía de él, se sentaba durante horas en contemplación mientras las lágrimas seguían corriendo por su rostro en silencio. Había sentido la presencia reconfortante y amorosa de la Virgen Negra. Se volvió hacia su amigo y le dijo: "¿Así que esto es lo que se siente al estar a salvo?". Su amigo no dijo nada, pero le apretó la mano en señal de consuelo y apoyo.

En los días y semanas siguientes, Michael acabó liberando emociones reprimidas y recuerdos traumáticos. Fue un proceso difícil. Sin embargo, condujo claramente a su transformación espiritual. Ahora, Michael es el tipo de hombre que se levanta de la cama por la mañana como si estuviera feliz de empezar el día. Camina con una ligereza que antes no tenía. Es fácil de tratar y sonríe con rapidez. Este es el poder curativo transformador de la Virgen Negra en acción.

La historia de Emily: Emily solía estar acosada por la ansiedad y el estrés. Era la realidad de su vida cotidiana. Nunca tenía un momento para respirar y, cuando lo tenía, encontraba algo con lo que llenarlo. La sola idea de quedarse quieta y relajarse la ponía muy nerviosa, hasta el punto de morderse las uñas. Sin embargo, sabía que no podía estar ocupada porque se estaba consumiendo. Sabía que su incesante búsqueda de la perfección no podía mantenerse y que, en algún momento, podría agotarse definitivamente. Sin embargo, no tenía ni idea de cómo dejar de ser como era.

Un día, mientras estaba en la biblioteca investigando para su trabajo, sintió la llamada de dar un paseo por la sección esotérica. Curiosamente, Emily era una de esas personas que podríamos llamar realistas. En otras palabras, no le importaban mucho las cuestiones religiosas o espirituales. Para Emily, si era algo que no se podía observar con los sentidos físicos, no era real y no merecía atención. Imagínese su sorpresa y asombro cuando sus pies se adentraron en aquel pasillo de libros. Tropezó con un libro sobre la Virgen Negra, y fue como si una voz en su interior le dijera: "Coge ese". Así que se arriesgó y obedeció.

Emily devoró el libro en cuestión de horas. Estaba tan enamorada de él que se lo llevó a casa para releerlo. Al día siguiente, hizo algo que no había hecho en toda su vida. Llamó a su trabajo y les dijo que no estaría disponible durante la semana siguiente. Según ella, después de hacer esa llamada, sintió una paz que nunca había experimentado. Se preparó una taza de té y se sentó junto a la ventana, mirando al exterior, sin hacer nada.

Por fin, Emily había aprendido, gracias a la Virgen Negra, que su sentido de la autoestima no estaba relacionado con las cosas que hacía o conseguía en la vida. Emily descubriría que es digna porque sí, y por ninguna otra razón. Su existencia es el único testimonio de su valía. A partir de ese momento, Emily nunca volvió a ser la misma. Había aprendido a dejarse llevar y a confiar. Curiosamente, su carrera dio un giro a mejor cuando decidió descansar más y pararse a oler las rosas más a menudo.

Estas son sólo tres historias de las muchas que demuestran cómo la Virgen Negra puede mejorar su vida a todos los niveles. Quiere ser su madre. Quiere ser su amiga, guiarle y ayudarle. Quiere que sepa ahora mismo que las cosas pueden ser mejores de lo que imaginó o experimentó. No hay nada en usted que le excluya de recibir sus bendiciones y su protección. Así que tómese un momento para pensar en cada aspecto de su vida. ¿En qué aspectos de su vida se beneficiaría más si ella le bendijera?

¿Le gustaría desarrollar tu vida espiritual? ¿Está cansado de buscar su propósito? ¿Desearía que le guiara en todo momento? ¿Le gustaría vivir cada día sabiendo que no está solo? ¿Cómo sería vivir la vida sin preocupaciones y confiando como lo hace un niño? ¿Qué maravilloso sería saber que tiene una creatividad infinita fluyendo en su interior? ¿Se imagina cómo sería tener todas las necesidades cubiertas incluso antes de darse cuenta de lo que necesita?

¿Cuán liberador es saber que puede tomar sus decisiones con confianza y confiar en que los resultados serán manejados por un ser que todo lo sabe y todo lo ve? ¿Qué maravilloso sería descubrir que las relaciones que suponía destruidas para siempre han vuelto y son mejores que en el pasado? ¿Se imagina lo que sería confiar en que, parezca lo que parezca, las cosas siempre le salen bien? ¿Cómo sería saber que tiene un ser divino que amaña la vida a su favor porque le quiere mucho? ¿Y si pudiera vivir su vida y lograr mucho más descansando y confiando que saliendo a luchar por lo que quiere? Todo esto es posible si permite que la Virgen Negra esté a su lado en todo momento, todos los días.

Sin embargo, la Virgen Negra no le obliga. Eso iría en contra de la naturaleza de la divinidad femenina. Así que, en este momento, ella pone ante usted una invitación abierta. De usted depende aceptarla o no. Si quiere experimentar el amor y el poder en su vida, tiene que extender su mano y aceptar la ayuda que ella le ofrece. Puede que le resulte aterrador. Puede que sienta dudas o miedo. Sin embargo, puede aceptar su ayuda a pesar de esos sentimientos.

Capítulo 5: Su relación con las Diosas Madre

¿Sabía que la Virgen Negra está relacionada con las Diosas Madre? Al fin y al cabo, es la encarnación de la maternidad. En este capítulo, conocerá su relación con las Diosas Madre de distintas tradiciones y culturas. Verá cómo está relacionada con Isis, Ceres, Cibeles, Artemisa, Kali y otras Diosas anteriores al cristianismo. Al mirar a la Virgen Negra a través de las lentes de otras Diosas que encarnaron la maternidad, tendrá una comprensión aún más profunda de lo que significa ser amado y apreciado por la Virgen Negra. Comprenderá los diferentes aspectos de la maternidad y cómo todos ellos pueden encontrarse en este único ser.

Isis

De las muchas Diosas del antiguo Egipto, Isis es una de las más importantes. Curiosamente, solía ser poco conocida porque no tenía templos propios. Sin embargo, a medida que avanzaba la era dinástica, cada vez más gente empezó a reconocer su importancia. Tenía muchos devotos, desde el antiguo Egipto y la antigua Roma hasta Afganistán e Inglaterra. Incluso hoy en día, los paganos la honran.

Isis tiene una poderosa conexión con los muertos, ya que se la consideraba el centro de todos los derechos funerarios. También está fuertemente conectada con la vida, ya que se la conoce como una sanadora mágica que ayuda a los enfermos e incluso devuelve la vida a los muertos. Otro atributo de esta Diosa amada por todos es que es madre, lo que la convierte en un modelo para muchas mujeres.

Otro atributo de esta Diosa amada por todos es que es madre, lo que la convierte en un modelo para muchas mujeres[6]

La realeza egipcia era consciente de que Isis era importante y digna de veneración. Se la representa como una mujer que lleva un vestido de gala. También lleva los cuernos de una vaca en la cabeza, así como un disco solar. Algunas representaciones artísticas incluyen también un trono jeroglífico. A veces, se la representa como una vaca o una cerda. Otras veces, se la ve como un pájaro o un escorpión. Esta Diosa Madre es una conocida protectora. Se podría decir que fue la precursora de la Virgen Negra porque las imágenes de la Virgen Negra que tenemos hoy en día se inspiraron en imágenes de Isis. Ambas aparecen con la piel negra u oscura.

Hay mucho simbolismo compartido entre Isis y la Virgen Negra. Al mirar a cualquiera de las dos, estamos viendo una imagen de ellas y viendo historias que se construyen a través de los símbolos de su arte. Si estudia el arte egipcio antiguo que representa a Isis, verá un anillo en su mano. Ese símbolo no está ahí sólo para parecer guay. Es la representación de la vida misma. Es una señal de que está conectada con la vida y rige el proceso de renacimiento. ¿Y la Virgen Negra? Se puede establecer un paralelismo entre ella e Isis porque se la representa con un niño, que representa su conexión con la vida y la fertilidad.

Los antiguos egipcios creían que Isis era capaz de hacer milagros. Para ellos, era mucho más que una Diosa a la que adorar. Siempre se podía recurrir a ella cuando se necesitaba curación en caso de enfermedad. De hecho, era tan poderosa que devolvía la vida a los muertos. Ofrecía a la gente esperanza donde no la había. Al igual que Isis, la Virgen Negra también hace milagros. Una vez más, los millones de personas que acuden anualmente a los lugares de culto de la Virgen Negra en todo el mundo no lo hacen para divertirse. Comprenden el poder de esta deidad. Acuden con la esperanza de que ella pueda tocar milagrosamente sus vidas. Así que, cuando lo piensa, se da cuenta de que Isis y la Virgen Negra llevan la misma esencia de la divinidad femenina.

Ceres

En la mitología romana, tenemos a la Diosa Ceres. Es la responsable de las relaciones maternales y la fertilidad. Los cultivos de cereales y la agricultura son también su dominio. Cuando se la representa artísticamente, se la ve como una mujer de edad madura, sentada con una corona de espigas de trigo, una gavilla de trigo, antorchas y una hoz. También se la puede encontrar con cereales y una cornucopia llena de frutos. Esta imagen representa claramente la fertilidad y el crecimiento, mostrando que esta Diosa es una proveedora, capaz de nutrir a unos y a otros. Esta Diosa es muy apreciada porque está relacionada con los ciclos de la vida y la muerte, así como con las estaciones. Se la considera una proveedora, responsable de introducir a la

Este mito es la explicación de las estaciones y su ciclo, así como un testimonio del poder de Ceres para transformar todo y a todos[7]

humanidad en la agricultura para que pudiera nutrirse a sí misma. Como Isis, también es sanadora y está relacionada con el crecimiento y la fertilidad.

Uno de los mitos de esta Diosa la presenta junto a su hija Proserpina, que es Perséfone en la mitología griega. La hija de Ceres fue raptada por Hades, también conocido como Plutón. Al arrebatarle a su hija, Plutón causó a Ceres una profunda angustia y dolor. Profundamente agraviada, Ceres decidió que iba a arreglar las cosas. ¿Cómo? Decidió que ni un solo cultivo crecería en la superficie de la Tierra hasta que recuperara a su hija. Las cosas se pusieron tan feas que Júpiter tuvo que intervenir y llegar a un acuerdo entre Ceres y Plutón sobre Proserpina. Así, se acordó que Proserpina pasaría una parte del año con Hades y la otra con Ceres. Este mito explica las estaciones y su ciclo, así como el poder de Ceres para transformar todo y a todos.

Ahora, vuelva a prestar atención a la Virgen Negra y se dará cuenta de que tanto ella como Ceres actúan como cuidadoras y protectoras. Ambas son capaces de hacer milagros y son intercesoras que pueden interceder por usted cuando necesite a alguien que defienda su situación. Mientras que la Diosa romana transforma las estaciones, la Virgen Negra lleva a cabo su propia transformación a nivel espiritual, cambiando las almas para mejor.

Cibeles

Esta Diosa de Anatolia recibe el nombre de Madre de la Montaña. Sus orígenes se remontan al Neolítico, cuando estuvo en Çatalhöyük, un asentamiento anatolio entre el 7500 a. C. y el 6400 a. C., declarado Patrimonio de la Humanidad por la UNESCO. Volvamos a Cibeles. Esta Diosa madre es responsable de la fertilidad. Era la cuidadora y nutridora de la Tierra. En el arte, se la puede encontrar en un trono, con leones descansando a su lado. A veces, otros animales salvajes ocupan el lugar de los leones. No se puede evitar tener la sensación de que es una fuerza a tener en cuenta, rápida para proteger a los que

Era la cuidadora y sustentadora la propia Tierra '

acuden a ella y le confían sus vidas.

Al igual que la Virgen Negra, Cibeles es una nutricia. Ambas son figuras maternas, responsables de que la vida continúe como siempre. En Grecia, las características de Cibeles se asimilarían en parte a aspectos de Gaia, que gobierna la Tierra. Los antiguos romanos la conocían como Gran Madre o Magna Mater, lo que no deja lugar a dudas de que es una criadora. Uno de los mitos cuenta que su amante, Atis, enloqueció y se mutiló. Cuando murió, Cibeles estaba fuera de sí. Hizo todo lo que pudo y acabó devolviéndole la vida. De este modo, se la representa como responsable de la vida, la muerte y el renacimiento.

Tanto Cibeles como la Madre Oscura comparten los rasgos de la crianza y la fertilidad. Puede darles las gracias por los ciclos de la vida, la fertilidad de la tierra o cualquier empresa que lleve a cabo con éxito. ¿Y la creatividad? Al igual que la Virgen, Cibeles también influye en este aspecto de la vida. Se puede ver en la forma en que fomenta la energía creativa. Quienes la veneran utilizan la música, la danza y el arte en su honor.

Artemisa

Artemisa es una Diosa digna de honor y respeto. Es hija de Leto y Zeus, y gemela de Apolo. Imagínese transportado a la antigua Grecia, donde podría ser testigo del temor y la reverencia con que el pueblo la honraba. Esta Diosa reina sobre la luna, la naturaleza y la caza. Se la suele representar con cuchillos de caza, un arco y un carcaj lleno de flechas. De todos los animales y plantas que existen, siente predilección por los ciervos y los cipreses. Sin duda, su amor y conexión con la naturaleza son evidentes. Por esta razón, la Virgen Negra siente el mismo amor por la naturaleza, y algunas obras de arte la muestran rodeada de exuberante vegetación u otros símbolos de la naturaleza.

Al estudiar a Artemisa y a la Virgen Oscura, notará sus paralelismos,

"Esta Diosa reina sobre la luna, la naturaleza y la caza"

arquetípicamente hablando, ya que ambas son criadoras. Ella es conocida por cuidar de las jóvenes, en particular, por mantenerlas a salvo. Otro paralelismo interesante se encuentra en el aspecto de la fertilidad. La Diosa griega supervisa todos los asuntos relacionados con la obstetricia y el parto, lo que demuestra que está relacionada con la vida, la fertilidad y los ciclos que rigen a todos.

La Virgen Negra y Artemisa son conocidas por su asociación con la luna, los misterios de lo femenino y la energía salvaje. A veces, la Virgen Negra se alza confiada sobre la luna creciente, encarnando lo salvaje y lo inconsciente. Existen similitudes incluso en las leyendas y mitos que rodean a estos dos seres. Una de las leyendas cuenta que Artemisa ayudó a Leto, su madre, para que pudiera dar a luz a su gemelo, Apolo, con facilidad. Otro mito habla de cómo Artemisa mantuvo a Leto a salvo de Hera, la celosa esposa de Zeus. Estas historias demuestran su naturaleza poderosa, benévola y protectora. Estos rasgos de Artemisa también pueden encontrarse en la Madre Oscura.

Las mujeres acuden a Artemisa cuando necesitan ayuda para afrontar la dolorosa experiencia del parto, y ella las ayuda. Así pues, al igual que la Virgen Oscura, Artemisa también realiza milagros y responde rápidamente a las plegarias sinceras. Artemisa también es virgen, como la Virgen Oscura. No le interesaba la atención masculina. Sus asistentes también debían permanecer castos y, cuando rompían su voto de castidad, sufrían las consecuencias. Estos seres son la personificación de la maternidad, la divinidad, la fuerza femenina y la naturaleza.

Kali

El tiempo, la creación y el cambio están en sus manos, al igual que la muerte y la destrucción, por lo que sus devotos saben que no se puede jugar con ella[10]

Kali es una Diosa hindú amada y temida por muchos, y con razón. Su poder es inmenso. El tiempo, la creación y el cambio están en sus manos, al igual que la muerte y la destrucción, por lo que los devotos saben que no se debe jugar con ella. En la tradición tántrica hindú, hay diez Mahavidyas. La palabra *Mahavidya* significa "Grandes Sabidurías", y son un grupo de diez Diosas, entre ellas Tara, Tripura Sundari, Bhuvaneshwari, Chhinnamasta, Bhairavi, Baglamukhi, Matangi, Dhumavati, Kamala y Kali. La primera vez que Kali se dio a conocer al mundo fue cuando se manifestó a partir de Durga. Su objetivo era simple: Acabar con todo lo malo para que los inocentes pudieran librarse de sus terrores. Las sectas dedicadas a ella la conocerían como la Madre del Universo y la Madre Divina.

Curiosamente, a la Madre Negra también se la llama Reina de la Tierra y Reina del Cielo, ya que es la versión trascendente de la Virgen María. Además, representa la Inmaculada Concepción y la incorruptibilidad. Esto demuestra que ambos seres son iguales en su oposición a todo lo que es malo y corrupto. La Virgen Negra nunca se ha entregado a un hombre o a una deidad masculina, ni lo hará jamás.

Esta Virgen Oscura es una protectora, similar a Kali, ya que esta última ofrece un refugio seguro a aquellos que confían en ella. Ella les proporciona la verdadera liberación.

Mitológicamente hablando, la Virgen Negra y Kali la Destructora comparten ciertos rasgos interesantes. Pensemos en *Sara-la-Kâli*, también conocida como "Sara la Negra". Muchos creen que comparte una conexión con la Madre Negra y a menudo hablan de ella en ese contexto. Es honrada por los gitanos, que la consideran su soberana real, y por los católicos. Quizá se pregunte qué relación existe entre Sarala-Kâli y la Diosa Kali. Pues bien, este ser es la patrona del pueblo romaní, originario de la India. Por si se pregunta por qué tiene un nombre inglés, en romaní es *Sara e Kali*. SaraH o *Sara* es etimológicamente hebreo y significa "mujer noble" o "princesa". No sólo eso, sino que también se puede encontrar el nombre de Sara dentro del Durga Saptashati, que es una antigua escritura hindú dedicada a Durga, la Madre Divina en persona. En este texto sagrado y antiguo, Durga se llama Kali, además de Sara.

En el Durga Saptashati se cuentan historias de Durga luchando contra demonios que poseían un gran poder, que utilizaban para causar el caos y aterrorizar al mundo. La Diosa pasaba de una forma a otra para derrotar a estas poderosas entidades. Estas historias muestran cómo ella, al igual que la Madre Oscura, lucha en sus batallas para protegerle de todo y de todos los que intentan hacerle daño.

Ala

Ala es una deidad de la tribu igbo del este de Nigeria. Sus devotos también la llaman Ali, Ale, Ana o Ani, según el dialecto igbo que hablen. Su nombre significa literalmente "tierra", en referencia al alcance de su poder. La creatividad, la fertilidad, la moralidad y la Tierra son sus dominios, sobre los que gobierna con elegancia. También supervisa los asuntos del Inframundo. Como una mujer embarazada, lleva en su vientre las almas de los antepasados y de los muertos. Se puede deducir que no sólo gobierna la Tierra, sino que *es la Tierra misma*. Vela por que todos actúen con justicia y equidad, respetando las reglas de la tierra. Al igual que la Virgen Negra, es conocida por su fertilidad y es protectora y nutricia. También se la considera la Diosa del amor, llena de compasión y sabiduría.

Ala es representada como una deidad con un aura regia, a menudo con su familia a su alrededor mientras está sentada en su trono. Es una reminiscencia de la Virgen Negra y su pequeño, que demuestra su maternidad. Sus devotos saben que cuando le rezan, al igual que la Virgen Negra, ella responde con un milagro.

Oya

Oya es una Diosa del oeste de Nigeria. También se la llama Yansä en Latinoamérica, donde es conocida y venerada. Es una orisha que controla las tormentas violentas y lleva el viento y los relámpagos a donde le parece. También es una Diosa del río; sus devotos la consideran supervisora de los niños. Muchos que han sido estériles han recibido de ella el milagro de la concepción, ya que bendijo y sigue bendiciendo con hijos a quienes se lo piden. A diferencia de la Virgen Negra, se casó con Sango, el Dios del trueno. Sin embargo, ambas son conocidas por ser cariñosas y protectoras con aquellos que saben que les pertenecen. Oya es conocida por proteger a su pueblo de sus enemigos y de cualquier injusticia hacia ellos. Es similar a la Virgen Negra, conocida por proteger a su pueblo de quienes intentaban oprimirlo. Estas deidades también son conocidas por provocar la renovación y el cambio radical cuando es necesario. Oya lo hace a través de sus vientos, que pueden tanto crear como destruir.

En conclusión

Después de haber leído todas las mitologías de estas diferentes Diosas a través de las culturas y tradiciones, debería ser obvio que la Virgen Negra es la encarnación de la divinidad femenina. Desde los albores del tiempo, la humanidad ha sido consciente de este ser o energía. Ha recibido múltiples nombres, pero ahora la conoce como la Virgen Negra. Después de haber leído este capítulo, debería ser difícil negar la interconexión de la Virgen Oscura con otras Diosas Madres de diversas culturas y épocas.

Antes del cristianismo, muchos pueblos tenían creencias únicas y deidades en las que confiaban. Estos seres compartían profundas conexiones con la naturaleza y los ciclos de la vida. Entre ellos, estaban los que tenían el arquetipo de la Diosa Madre. Evidentemente, las creencias evolucionan con el tiempo. Así, cuando surgió el cristianismo, influyó mucho en la forma en que la gente interactuaba con los asuntos espirituales. Los misioneros cristianos hicieron todo lo posible para difundir su forma de interactuar con lo divino por todas partes. A veces, eso significaba buscar paralelismos entre los principios cristianos y los elementos que conformaban las creencias religiosas tradicionales de las personas que esperaban convertir. Era mucho más fácil convencer a la gente de que se hiciera cristiana ayudándoles a ver cómo sus creencias actuales eran paralelas a la fe cristiana. Algunos dicen que así fue como las antiguas Diosas de la tierra acabaron convirtiéndose en la Virgen Negra. Independientemente de lo que haya sucedido, el hecho es que ella sirve de puente para conectar todas las creencias. En su piel oscura se encuentra la unificación de todas las verdades espirituales. Esta teoría esotérica debería aclarar cómo y por qué la Virgen Negra tiene tantas similitudes con las antiguas Diosas Madre sobre las que ha aprendido. En el próximo capítulo, aprenderá más interpretaciones esotéricas de este misterioso ser.

Capítulo 6: Interpretaciones esotéricas

La Virgen Negra está asociada a los misterios divinos y a los aspectos esotéricos de la espiritualidad. En este capítulo, conocerá las interpretaciones esotéricas y místicas de esta deidad. Como ya sabe, está llena de simbolismo. La pregunta es: ¿qué significan esos símbolos? ¿Cómo puede hacerlos más personales para usted? La manera de cosechar los frutos de su simbolismo es comprendiéndolos. Por lo tanto, el primer paso será explicar qué es el esoterismo y por qué es importante a la hora de estudiar la espiritualidad.

Entendiendo el esoterismo

El esoterismo consiste en sumergirse en el conocimiento para descubrir significados más profundos, a menudo ocultos y difíciles de percibir a primera vista. Hay ciertas prácticas y creencias que sólo unos pocos comprenden a un nivel profundo. Es posible que al mirar un texto religioso o considerar a una deidad en particular no nos demos cuenta inmediatamente de las capas más profundas de su significado. ¿Por qué? Estos aspectos esotéricos de una creencia o religión requieren tiempo. Requieren una profunda contemplación y reflexión.

La palabra "esotérico" tiene su raíz etimológica en esôterikos, palabra griega que significa "dentro" o "interior". No se trata del tipo de conocimiento habitual. En general, la gente sólo tiene conocimientos públicos o exotéricos. Sin embargo, cuando se conoce algo esotéricamente, significa que se ha llegado a descubrir la verdad de esa cosa desde dentro de uno mismo. Cuando piensa en lo esotérico, puede pensar en cosas como lo oculto, el misticismo y la espiritualidad. Todas estas cosas sirven para ayudarle a comprender mejor cómo funciona la vida y cuál es su lugar en ella.

El esoterismo se rige por varios principios. Antes de considerar la naturaleza esotérica de la Virgen Negra, debe comprender en qué consisten estos principios.

El principio del conocimiento oculto: El conocimiento esotérico nunca está a disposición del público. Normalmente, esta información se comparte entre el maestro, que ha llegado a comprender los temas espirituales, y los estudiantes, que buscan aprender. Por eso, la gente viaja a ashrams, santuarios u otros lugares sagrados, con la esperanza de recibir el conocimiento esotérico de los que saben. El conocimiento esotérico requiere secreto. No todo el mundo llega a comprenderlo. Esto se debe a que sólo algunos están preparados para manejar el poder que conlleva el conocimiento esotérico. Algunas personas pueden no saber qué hacer con él, mientras que otras pueden utilizar el conocimiento para intenciones nefastas. Por eso, el conocimiento esotérico sólo se proporciona a unos pocos elegidos. Una segunda razón para esta selectividad es evitar que el mensaje se diluya o se corrompa de alguna manera. Todo conocimiento esotérico es profundo y sagrado. Cuando entiende realmente cómo funciona el universo, se convierte en una persona poderosa. Lo que haga con ese poder es harina de otro costal. Por eso, los guardianes del conocimiento esotérico guardan celosamente lo que saben. Estas personas tienen la responsabilidad de salvaguardar una sabiduría que es atemporal y antigua.

El principio de la evolución espiritual: La evolución del espíritu humano es otro principio que subyace al conocimiento esotérico. Todo el mundo tiene la capacidad de experimentar un crecimiento personal y lograr una verdadera transformación desde su interior, lo que los lleva a ser iluminados. Usted no es una excepción. La persona verdaderamente esotérica comprende que es posible desarrollarse espiritualmente, pero que también es *necesario*. Sólo cuando desarrolla conscientemente su viaje espiritual puede experimentar una autoconciencia más profunda y acceder a estados de conciencia superiores a los que está acostumbrado.

La persona verdaderamente esotérica comprende que no sólo es posible desarrollarse espiritualmente, sino que también es necesario[11]

Su alma está de viaje. A medida que recorre su camino, debe evolucionar. Cuando comprenda lo esotérico y viva su vida según sus principios, irá más allá de las experiencias cotidianas. Las cosas que antes le molestaban profundamente dejarán de ser un problema porque podrá ver más allá de lo que le muestra su realidad.

El primer paso para desarrollarse espiritualmente es darte cuenta de que tiene un ego. El ego consiste en todas las historias que se ha contado a sí mismo. Es todo lo que cree que es verdad sobre sí mismo. En el momento en que se da cuenta de que es mucho más que su ego, evoluciona más allá de estas historias y creencias limitantes que tiene. Ve cómo su ego no es su verdadero yo, sino una herramienta que utiliza su alma para experimentar la vida. Por lo tanto, para practicar el esoterismo, necesita estar dispuesto a autorreflexionar para ser más consciente de su auténtica naturaleza. Es difícil encontrar una forma mejor de hacerlo que a través de la atención plena y la meditación sobre la Virgen Negra y su esencia.

El principio del simbolismo y la alegoría: Toda tradición esotérica entiende y acepta que el simbolismo y la alegoría son importantes. Las palabras sólo pueden hacer hasta cierto punto para transmitir el significado de modo que usted pueda comprender verdaderamente el tema. Sin embargo, el simbolismo es una forma excelente de hacer llegar el significado de una idea a lo más profundo de su alma. Lo mismo puede decirse de las alegorías. Como ser humano, tiende naturalmente a prestar atención a las historias. Podría decirse que su existencia cotidiana está llena de historias. Cada persona es también un libro andante lleno de historias. La clásica estructura en tres actos es una estructura con la que los seres humanos conectan porque todo el mundo está preparado para entender historias. Así que, ¿qué mejor manera de encapsular los significados más profundos de los conceptos esotéricos que a través de historias?

Comprenda que los símbolos son mucho más que simples representaciones de ideas. Piense en cada uno de ellos como una puerta o un portal que le permite acceder a una versión de la realidad más profunda e incluso más real de lo que jamás haya conocido. Los símbolos y las alegorías atraviesan lo mundano y lo ordinario, permitiéndole llegar a lo más profundo de los arquetipos que conforman la vida. En el esoterismo, cada símbolo tiene mucho más significado del que se puede deducir cuando se conoce por primera vez. A través de la contemplación regular y la meditación sobre el símbolo, se encuentra pelando las capas para descubrir significados aún más ricos. Piense en ello como en un tronco de árbol con círculos concéntricos, excepto que en el esoterismo los círculos nunca terminan.

El principio de conexión divina: El esoterismo implica que está conectado con la divinidad. A diferencia de otros sistemas religiosos tradicionales, el esoterismo muestra que no necesita un intermediario para acceder a los poderes espirituales o a la iluminación. Tiene el poder de transformarse a sí mismo, y puede hacerlo sin ninguna ayuda. La religión tradicional insiste en que debe pasar por algún intermediario. En esas estructuras rígidas, hay una necesidad de jerarquía. Esto puede ser bastante limitante para la psique y el alma. Por eso, el esoterismo es un liberador. Ayuda a romper las cadenas religiosas tradicionales que le atenazan y le permite acceder directamente a la fuente divina que le creó.

Lo bonito de ser esoterista es que sabe que puede contactar con la fuente o el creador de todas las cosas. Sabe que no está limitado por sus antecedentes o por lo que cree en términos de religión. Sabe que a lo divino no le importa su posición en la sociedad. Comprende profundamente que su conexión con la divinidad supera cualquier posible limitación que se le pueda ocurrir a la gente. Claro, puede que pertenezca a un determinado grupo religioso. Puede que participe en ciertas actividades religiosas. Sin embargo, también es consciente de la libertad que tiene para ponerse en contacto directo con la fuente de la vida.

El principio de la comprensión holística: Como esoterista, se da cuenta de que la vida puede entenderse a un nivel holístico. Es difícil negar la interconexión de los conceptos, las ideas y todas las cosas creadas. Cuanto más consciente sea de sí mismo y de cómo funciona el universo al profundizar en el conocimiento esotérico, más se dará cuenta de las profundas conexiones entre cosas aparentemente no relacionadas. Este es el principio de la comprensión holística, donde puede aprender la verdad sobre la vida, desde cómo vuela una mariposa hasta cómo los vendedores atraen a la gente para que compre un producto.

El verdadero esoterista comprende que existen conexiones entre el mundo físico y el espiritual, aunque no sean evidentes a primera vista. Sabe que el mundo creado es simplemente el microcosmos del macrocosmos. Mire a su alrededor. Si presta atención y reflexiona, se dará cuenta de que todo lo que le rodea es un reflejo de una fuerza o principio espiritual más profundo. Tanto si mira la vida a través de la lente del misticismo, la astrología, la alquimia o cualquier otra cosa, se dará cuenta de que todo está entrelazado. Cada campo de estudio forma parte del rompecabezas que constituye la existencia. Como esoterista, su trabajo es encontrar el hilo que conecta todas estas cosas y utilizar lo que aprende de las conexiones para desarrollar su alma. Aprende la importancia de ver más allá de lo superficial. Nunca comete el error de asumir que algo es irrelevante. Como resultado, puede encontrar patrones en todo. Percibir y comprender los patrones es clave para desarrollar su vida espiritualmente y en todos los demás aspectos.

Los orígenes esotéricos de la Virgen Negra

Ahora que entiende los principios fundamentales del esoterismo, es el momento de descubrir por qué debería ser una parte clave a la hora de enfocar su relación con la Virgen Negra. Sin embargo, antes de entrar en materia, esta es una aproximación a los orígenes esotéricos de la Virgen Negra.

La unificación de todas las antiguas Diosas de la Tierra: En un capítulo anterior, desarrollábamos cómo la Virgen Negra comparte lazos con las antiguas Diosas de la Tierra. La humanidad siempre ha sido consciente de la divinidad femenina, por lo que siempre se ha adorado a la deidad femenina. Desde los albores del tiempo, la humanidad ha sido consciente de la energía que impulsa los ciclos de la vida. La gente se siente atraída por el deseo de honrar esta energía, que es responsable de la abundancia y la fertilidad de la que todos disfrutan. Desde la prehistoria, la gente adoraba a una Diosa de la Tierra que representaba esta fuerza femenina. Comprendían que, cuando se trataba de ser nutridos y protegidos, debían su agradecimiento a esta fuerza.

Así pues, la Virgen Negra, con su piel oscura, representa este arquetipo de la antigüedad. Su piel oscura recuerda a la Tierra, con su suelo rico y fértil, responsable de que crezcan los alimentos y de sustentar toda la vida. Así que, esotéricamente hablando, la Virgen Negra es una conexión entre lo sagrado de la Madre Tierra y todos los misterios que rodean el proceso de la creación.

El misterio de la alquimia: A continuación, se plantea la cuestión de la conexión entre la Virgen Negra y la alquimia, un proceso que consiste en convertir metales comunes en oro. Algunos dicen que este proceso es sólo figurativo, mientras que otros creen que hay alquimistas reales que transformaron con éxito metales comunes en oro. En cualquier caso, el proceso de transformación ocurre en su interior. En algún momento, llega un punto en el que deja de existir como siempre se ha conocido. Algunas personas llaman a esto la muerte del ego, mientras que en alquimia se conoce como la *nigredo*. Se trata de una etapa de oscuridad. Todo lo que creía saber sobre quién es se disuelve de repente. Esta es otra interpretación esotérica de la piel oscura de la Virgen Negra. Sin embargo, de la oscuridad emerge el oro que lleva dentro. ¿Qué es este oro en el contexto espiritual? Es su iluminación.

Las escuelas de misterios y sus ritos de iniciación: Recuerde, uno de los principios del esoterismo es el hecho de que es selectivo y secreto. Durante mucho tiempo, ha habido diferentes escuelas de misterios que sólo permiten el acceso al conocimiento a aquellos que reúnen los requisitos para la iniciación. La propia Virgen Negra es un enigma. Su misterio hunde sus raíces en las antiguas tradiciones. Quienes asistieron a las antiguas escuelas de misterios para aprender más sobre ella se dieron cuenta de que encarna la transformación interior. Sabían que sólo ella es portadora de verdaderos conocimientos espirituales que transforman radicalmente y dan poder. No compartieron esta información con las masas, sino que la reservaron para aquellos que realmente buscaban experiencias profundas con la Virgen Negra. Piense en ella esotéricamente como el portal a la visión espiritual y a la verdad. Ella hace que no tenga que encontrar una antigua escuela de misterios. En lugar de eso, puede acudir a ella con el corazón abierto y buscar la luz de su sabiduría.

Toques herméticos y gnósticos: Las tradiciones hermética y gnóstica son bien conocidas por animar a experimentar la iluminación interior y a profundizar en la práctica espiritual. Con un estudio profundo, notará la conexión entre la Virgen Negra y los valores herméticos y gnósticos. Por un lado, el color negro no se ve como algo diabólico o maligno. Bajo estos principios se entiende que el negro es mucho más que oscuridad y negatividad. Por el contrario, en el hermetismo y el gnosticismo, el negro es visto como el material del que emerge toda la vida. Se entiende que toda visión espiritual proviene de la oscuridad.

La alquimia del alma

La primera etapa de la alquimia del alma implica el ennegrecimiento, donde todo se disuelve en un caos absoluto. Su conciencia se siente como si hubiera descendido a la oscuridad. Esto es el *nigredo*, donde finalmente se enfrenta al yo en la sombra que ha estado evitando toda la vida. Se da cuenta de que no hay más salida que atravesar el desafío al que se enfrenta. La negrura de la Virgen Oscura es representativa de esta etapa de la alquimia. Representa lo que significa atravesar la noche oscura del alma.

A continuación, viene el albedo. Cuando se experimenta esta etapa de la alquimia, se tiene la sensación de que alguien ha abierto una ventana y ha dejado entrar algo de luz. Se siente como si le estuvieran purificando. Poco a poco, adquiere más claridad sobre lo que debe hacer en la vida y se siente iluminado. La Virgen Negra simboliza la dualidad de la vida. Lleva en sí tanto la oscuridad como la luz. Así pues, esta etapa de la alquimia de su alma representa la esencia luminosa de la Virgen Negra.

Por último, experimenta el *rubedo*. Esta última etapa alquímica se refiere a la transformación de su alma. En este punto, se da cuenta de que nunca estuvo separado de la divinidad. Sólo se percibía a sí mismo de esa manera. Cuando llega a esta etapa de transformación, se encuentra expresando la naturaleza trascendente de la Virgen Negra. Experimenta lo que significa estar conectado al cielo y a la tierra. Este es el punto en el que finalmente se da cuenta de que no hay forma de que nadie pueda separarle del amor del Creador.

Hay un elemento adicional en la transformación alquímica de su alma. Es la comprensión de que siempre llevará dentro tanto su aspecto luminoso como su aspecto oscuro. Algunos asumen que la iluminación significa que nunca recaerán en un lugar de oscuridad. Sin embargo, siempre habrá nuevos niveles de iluminación que alcanzar. Cada vez, experimentará algo parecido a la oscuridad del alma. Cuando acepta esto, sus caballeros oscuros son mucho más fáciles de manejar. Ya no se permite regodearse como lo hacía en el pasado y, de hecho, se entusiasma porque sabe que su avance irá más allá de cualquier cosa que haya imaginado posible para sí mismo.

Es terrible experimentar la noche oscura del alma, pensando que no hay nadie que le apoye. Sin embargo, cuando se da cuenta de la existencia de la Virgen Negra y este periodo le impacta, es reconfortante saber que ella le cubre las espaldas. Es una amiga firme y verdadera, una compañera que nunca le abandonará, por muy feas que parezcan las cosas. Esto es lo que está experimentando en este momento. Atrévase a entregarse a ella. Atrévase a confiar en que ella le ayudará a encontrar la iluminación que necesita para salir del agujero en el que se encuentra. Atrévase a confiar en que la oscuridad no es permanente y que, con el tiempo, el sol volverá a salir en su vida.

El ciclo cósmico

Esotéricamente, la Virgen Negra es una danza de ritmos. Dentro de ella hay altibajos, subidas y bajadas, flujos y reflujos. Uno de los ritmos de este ser es la oscuridad y la creación. La Virgen Negra representa la oscuridad primordial de la que procede todo lo creado en el mundo. Cuando piensa en la oscuridad, ¿qué le viene a la mente? ¿Supone que es la ausencia de luz? Este no es el tipo de oscuridad al que nos referimos en el contexto de la interpretación esotérica de la Virgen Negra.

La oscuridad de la Madre Africana es poderosa y creativa. Es la matriz de todas las cosas y seres existentes y por existir. Es la misma matriz en la que puede esperar que su alma se transforme para siempre. Este color negro, que lleva la Virgen Negra, representa el vacío cósmico no restringido por el tiempo. Este mismo vacío hace nacer y alberga las galaxias y las estrellas que ve. La oscuridad le atrae, pidiéndole que se sumerja en las profundidades de sus aspectos espirituales y vea con qué oro puede emerger.

También existe una danza entre lo divino femenino y lo divino masculino. Como ya se ha explicado, la Virgen Negra personifica el principio femenino. Sin embargo, es necesario un equilibrio en su vida espiritual, por lo que lo divino masculino es una contrapartida necesaria. A primera vista, puede no parecerlo, pero la Virgen Negra tiene un simbolismo que muestra la naturaleza esencial del divino masculino. Tiene un fuerte vínculo con la Tierra y está conectada con la luz y la oscuridad. Puesto que representa los ciclos y los ritmos, es lógico que también lleve en su interior lo divino masculino, una fuerza activa necesaria para la transformación. En resumen, la Virgen Negra es responsable de la integración de los opuestos. Es un recordatorio de que debe descubrir las naturalezas duales que hay en su interior y aceptarlas como válidas.

Las recompensas de la exploración del esoterismo de la Virgen Negra

Se dará cuenta de la profundidad del simbolismo. Cuando aborde su estudio y comprensión de la Virgen Negra con esoterismo descubrirá la profundidad simbólica de esta deidad. Piense en su piel oscura, por ejemplo. ¿Qué más podría deducir de la información que ha recibido en este libro sobre lo que representa su piel? Si quiere más información sobre el simbolismo de su piel oscura, lo mejor es que medite sobre ello. Cuando dedique tiempo a contemplar profundamente la piel oscura de la Virgen Negra, recibirá niveles de conocimiento y perspicacia que otros quizá no tengan. ¿Y qué es lo mejor? La información que reciba será única para su experiencia vital. Por lo tanto, le conviene empezar a pensar en la Virgen Negra desde un punto de vista esotérico. Si alguna vez se siente atascado al intentar comprender un determinado aspecto de este ser, puede pedirle ayuda. Estará encantada de ayudarle a descubrir puntos de vista útiles.

Descubrirá nuevas profundidades de conexión con ella. Utilizará prácticas esotéricas como la oración y la meditación para conectar con la Virgen Negra. Descubrirá la profundidad de la conexión que comparte con lo divino. Le guste o no, siempre está conectado a su esencia. Sólo cree que no lo está porque no se ha permitido verlo. Así que ocurre algo interesante cuando medita sobre la imagen o la esencia de la Virgen Negra, le reza o contempla lo que significa para usted. Se acerca a todo, desde lo mundano hasta lo más importante, desde un lugar espiritual.

Con prácticas esotéricas constantes para conectar con la Virgen Negra, recibe profundas percepciones espirituales que nunca antes había tenido. Estos conocimientos se abrirán dentro de usted y le darán una comprensión profunda que nunca podría recibir de ningún libro o gurú. Los libros, los vídeos, los gurús, los maestros y cualquier otra cosa del mundo exterior sólo pueden enseñarle hasta cierto punto. Sin embargo, logrará una verdadera transformación cuando decida que desea el conocimiento esotérico concerniente a la Virgen Negra.

Renacerá y se transformará en una versión más trascendente de sí mismo. Una vez más, la Virgen Negra es conocida por su poder sobre el renacimiento y la transformación. Ya conoce los principios básicos del esoterismo, que incluyen el desarrollo personal y el crecimiento espiritual. Cuando trabaje con la Virgen Negra y busque el conocimiento esotérico, sin duda se volverá diferente. A medida que ella le proporcione nuevos conocimientos, empezará a pensar, hablar y actuar a través de ese filtro. Por ejemplo, si es un adicto al trabajo, y la Virgen Oscura le revela la esencia del descanso y de dejar que las cosas se manifiesten por sí solas, puede que empiece a tomarse las cosas con más calma y a buscar más tiempo para relajarse. Con su nuevo aprecio por el descanso y la relajación, puede notar que incluso su forma de caminar es diferente. Respira más profundamente. Deja de precipitarse. Comprende que todo sucede a su debido tiempo. Como resultado, las personas que siempre le han conocido pueden darse cuenta de que es una persona completamente distinta. También dará fe de que ahora se siente diferente. Empieza a priorizar la calma y la fluidez sobre la lucha y el conflicto. Se pregunta cómo es posible que haya podido vivir de otra manera. Se da cuenta de que descansar y elegir la tranquilidad y la fluidez le permite una mayor abundancia en la vida y un mayor progreso en su carrera. Finalmente, se da cuenta de que su antiguo yo ha muerto. Ha experimentado una verdadera transformación. Ha renacido.

Capítulo 7: Conectando con la Virgen Negra

Sigue leyendo este libro, lo que confirma que realmente se siente atraído por la Virgen Negra. Le llama y le pide que pruebe a vivir con ella. Sin embargo, antes de comprometerse por completo y dar el paso, vale la pena que se pregunte qué espera experimentar al tenerla en su vida. ¿Qué motivos tiene para querer conectar con la Madre Divina? Si puede responder a esta pregunta con claridad y sinceridad, experimentará lo que busca y mucho más.

Respondiendo a la llamada de la Virgen: Crecer en resonancia interior

Por lo tanto, quiere entender por qué está conectando con la Virgen Negra, lo que significa que necesita tiempo y espacio para reflexionar. Debe ser intencional al respecto siempre que esté listo para hacerlo. Elija un momento que utilizará para este ejercicio. La habitación en la que esté debe ser tranquila y cómoda. Ajuste la iluminación para que sea ambiental y no intensa. Si no puede encontrar un lugar tranquilo porque hay otras personas a su alrededor, puede hacer este ejercicio cuando todos los demás estén durmiendo. También puede utilizar una máquina de ruido blanco o reproducir ruido blanco en Internet con los auriculares o altavoces para ahogar el ruido que le rodea. Está a punto de ponerse en contacto consigo mismo, así que quieres estar sólo con tus pensamientos, sin distracciones ni interrupciones.

Por lo tanto, quiere entender por qué está conectando con la Virgen Negra, lo que significa que necesita tiempo y espacio para reflexionar[19]

Apertura: Tiene que empezar con la mente abierta. No tenga expectativas sobre cómo o cuándo le responderá la Virgen Negra. *Confíe en que lo hará.* Confíe en que cuando le responda, ya sea durante este ejercicio o algún otro día, lo sabrá sin lugar a dudas. Ahora, cierre los ojos y respire profundamente. Deje que su corazón se abra. Está haciendo esto con una mente curiosa y exploradora que busca aprender, no con una que está convencida de que sabe todo lo que hay que saber. Si empieza con esta actitud, seguramente descubrirá cuáles son sus motivos.

Reflexión: Ahora es el momento de reflexionar sobre lo que le atrae de la Virgen Negra. ¿Le encanta que sea un enigma? Tal vez sepa que tiene muchos secretos y profundos conocimientos que compartir, y le entusiasma la idea de ponerlos en práctica en su vida. ¿Hay alguna verdad esotérica en ella que le llame? ¿Le encanta que encarne sin esfuerzo la luz y la oscuridad sin que una prevalezca sobre la otra? ¿Le gusta pensar en la paz que ofrece a su corazón, a su mente y a su alma? ¿Busca liberarse del dolor y el sufrimiento que se han vuelto difíciles de soportar? La única forma de saber lo que busca es hacerse preguntas como éstas. Podría considerar los aspectos de su vida con los que se siente insatisfecho. Si está descontento con todos los aspectos de su vida, tampoco pasa nada. No hay nada demasiado grande ni demasiado pequeño para que la Virgen Negra le ayude. Sea sincero consigo mismo cuando se haga estas preguntas. Puede hablar consigo mismo en voz alta o mentalmente. Para obtener mejores resultados, debería utilizar un diario, ya que tendrá algo a lo que acudir más adelante y le alegrará anotar cómo evolucionan sus motivos para conectar con la Madre.

Emociones: Durante este ejercicio de autorreflexión, puede notar que afloran a la superficie emociones interesantes. Podría sentir cualquier cosa, desde un anhelo inquieto hasta consuelo, al pensar en ella. Confíe en que cualquier emoción que aflore tiene que estar ahí. Si se pregunta: "¿Por qué me siento así en este momento?" y reflexiona sobre esa pregunta, descubrirá cosas interesantes. Las respuestas le darán pistas sobre por qué quiere conectar con la Virgen Negra. Deje que fluyan en las páginas de su diario, sin retener nada. La Virgen Negra no le juzga por sus sentimientos o pensamientos, así que no tiene que preocuparse por dar muestras de santidad y piedad. Escriba sus sentimientos, crudos y sin filtrar. Déjelos fluir.

El pasado: Es hora de bucear en su pasado. Esta parte del ejercicio no pretende hacerle sentir arrepentimiento, vergüenza, dolor o juzgarle negativamente. Está buscando en su pasado experiencias que encajen con la esencia y el simbolismo de la Virgen Negra. Está buscando momentos en los que ella haya aparecido, pero no era consciente de que era ella. Recuerde los momentos más oscuros y bajos de su vida. Los conoce. Fueron momentos en los que estaba desesperado por orientación, anhelando un toque sanador, sediento de cambio, pero inseguro de cómo hacerlo realidad. Busque señales de que la Virgen Negra estuvo con usted y, si no se le ocurre ninguna, vuelva su atención a cómo podría haber sido un gran consuelo y ayuda si hubiera sabido que podía invocarla y recibir milagros.

Liberación: Escarbar en el pasado es incómodo. Puede que se encuentre atrapado en la negatividad, la ira, el dolor, la vergüenza y la pesadez que le atenazaron. Esto es bueno. Es una oportunidad para que libere esas emociones. No las juzgue ni a ellas ni a las experiencias que le llevaron a ellas como terribles. Por el contrario, acoja los sentimientos que inundan su mente y su cuerpo. Siéntese con ellos y deje que le guíen. Puede que su escritura se vuelva más frenética y errática. Tal vez tenga ganas de gritar o llorar. Hágalo. No reprima nada. Lo que está haciendo en este momento es elegir aceptar cada aspecto de sí mismo, y eso incluye la parte que sufrió y que probablemente sigue sufriendo.

Claridad: Ahora, dirija su atención a lo que le gustaría experimentar al hacerse uno con la Madre Africana y convertirla en una presencia real en su vida. En este momento le vendrán a la mente algunas respuestas. Escríbalas, y luego siga indagando más allá de la superficie preguntándose por qué. "¿Por qué quiero eso?". Cuando obtenga una respuesta, vuelva a formular la pregunta. Continúe hasta que llegue al núcleo de lo que anhela su alma. Cuando sepa cómo le gustaría que le alimentara la Madre Negra, permitirle que le satisfaga será más fácil cuando la acoja oficialmente en su vida.

Una conexión más profunda: Resonancia interior e intuición

Puede que conozca a muchas personas que profesan una determinada fe, pero, por la razón que sea, se nota que su conexión con ella no es fuerte. No se lo toman en serio. Son religiosos o espirituales sobre el papel, y eso es todo. Bueno, evite cometer el mismo error que ellos. Si quiere que esto funcione, debe estar en contacto con su intuición. Todo el mundo tiene intuición. Si divide las palabras, obtiene "en" y "tuición". Esto es enseñanza, sabiduría y guía que viene de su interior. Lo más probable es que sea una persona intuitiva, ya que se ha sentido atraído por este libro. Sin embargo, si tiene la sensación de que podría desarrollar más su intuición, debería hacerlo. Verá, necesita esa guía interior que le ayude a comprender su verdadero yo y sus motivos para desear el corazón sanador y la luz amorosa de la Madre en su vida.

Entonces, ¿qué es la resonancia interior? ¿Cómo le ayuda a conectar con la Madre Negra a un nivel profundo? Piense en su canción favorita. Si puede, escúchela ahora mismo. Mientras suena, fíjese en cómo se siente. Si es una canción alegre, sentirá que se le levanta el ánimo. Si es una canción triste, sentirá que su estado de ánimo cambia para reflejar esa tristeza, o si ya estaba triste antes de escucharla, sentirá que su tristeza se intensifica. Así funciona la resonancia interior. Es lo que experimenta cuando siente algo a un nivel tan profundo que le llega al alma. Así que, cuando inicie el contacto con la Virgen Negra, notará lo mismo. Es como si hubiera una fuerza tirando de su alma. Puede que no tenga palabras para describir su experiencia, pero sentirá como si la conociera. Parecerá que se ha convertido en uno con ella y que la "entiende". Sus pensamientos y emociones se convierten en los suyos. Encuentra la unidad entre su mente y el simbolismo de la Madre. Esto es pura resonancia.

Ahora, vuelva al asunto de la intuición. Su intuición le confirmará que la resonancia que siente es real. Le hará saber que está en presencia de la divinidad femenina en persona. Su intuición puede ser una voz suave en su interior. Puede sentirse como un fuerte conocimiento. A menudo, aparecerá utilizando el lenguaje de los sentimientos. Cuanto más avance en su viaje con la Virgen Negra, más fuerte se hará su intuición y más profunda será su conexión con ella. Escuche su voz interior. Ella sabe hacia dónde debe ir. Si se lo permite, será guiado. Es como una mano invisible sobre su hombro; su tacto es suave mientras le conduce por el camino correcto. Puede ser un impulso de aprender aún más de lo que sabe sobre la Madre Oscura. Puede ser un deseo de cerrar las puertas, cerrar los ojos y sentarse en silencio a contemplar su gracia y su amor. Sea lo que sea lo que sienta, confíe en ello. La intuición es su alma hablándole a través del lenguaje de sus sentimientos.

Cómo fortalecer la intuición

Ahora entiende que la intuición es importante y que sólo le serviría mejorar en su uso. Entonces, ¿de qué formas prácticas puede fortalecer sus músculos intuitivos?

Pruebe la meditación. ¿Cómo? La meditación es una práctica de atención plena en la que se concentra en una cosa durante un tiempo y en nada más. Normalmente, los meditadores se concentran en su respiración o en algún otro sonido constante. Puede hacer lo mismo o tomar una foto u otra representación visual de la Virgen Negra y mantener su atención en ella. Cuando su mente se desvíe de aquello en lo que ha decidido concentrarse, vuelva a centrarse en ello con suavidad. Castigarse por perder la concentración es una pérdida de tiempo y le hará retroceder. La meditación consiste en dominar la atención y la conciencia, y el hecho de que se dé cuenta de que se ha distraído es bueno para usted. Con el tiempo y la práctica, verá que los momentos de distracción disminuyen. Las personas que han meditado durante años incluso desarrollan la capacidad de meditar en el caos del tráfico congestionado. Sin embargo, necesita tiempo para llegar a este punto. Sólo disfrutará de los beneficios de la meditación si practica todos los días. Por lo tanto, reserve de cinco a diez minutos en los que pueda sentarse en silencio a meditar. Con el tiempo, puede aumentar la duración de sus sesiones.

Diario. Cuando lleva un diario, se pone en contacto consigo mismo. Está comprobando dónde se encuentra en relación con dónde ha estado. Entable un diálogo consigo mismo a través del papel. Su diario debe contener los acontecimientos del día, cómo se siente al respecto, cómo se siente consigo mismo, su viaje espiritual, las percepciones que recibe de su interior, los mensajes intuitivos, los sueños, los patrones que ha observado y cualquier otra cosa que le venga a la mente. Al llevar un diario, fortalece la conexión entre su mente y su alma, lo que le permite captar más fácilmente los mensajes intuitivos y distinguirlos de los pensamientos aleatorios.

Pase tiempo en la naturaleza. La naturaleza es una herramienta excelente para ayudarle a ser una persona más intuitiva. Puede estar en lo alto de las montañas, en lo más profundo del bosque o junto al murmullo de un arroyo. No importa, siempre que esté rodeado de naturaleza. La naturaleza hace maravillas con la intuición. Le aleja del estrés y del caos diario que exige su atención. En cambio, está en presencia de la Madre Naturaleza. Está sentado con la mismísima Virgen Negra. Cuanto más tiempo pase con su energía en la naturaleza, mejor sabrá escuchar su llamada y responderla.

La naturaleza es una herramienta excelente para ayudarle a ser una persona más intuitiva[18]

Preste atención a sus sueños. No hay mejor medio para que su alma o el mundo espiritual lleguen a usted que a través de sus sueños. Lleve un diario de sus sueños. Cuando se despierte, no tenga prisa por abrir los ojos y salir de la cama. No se mueva. Quédese donde está y deje que le llegue la última imagen de su sueño. Después, puede ir retrocediendo. Cuando lo haya recordado todo, puede escribir un diario. Si se levanta demasiado rápido, se mueve demasiado o deja que su mente empiece a preocuparse y a planificar el día, es posible que olvide sus sueños.

Si es una de esas personas que no pueden recordar sus sueños, o cree que no sueña, ¿qué debe hacer? Permanezca en la cama, con los ojos cerrados, el cuerpo quieto y relajado, y preste atención a cómo se siente. Siéntese con esa sensación y escríbala en su diario. No se sorprenda cuando empiece a recordar sus sueños. Cuanto más los anote en su diario, más fácil le resultará recordarlos, porque habrá enseñado a su subconsciente que es importante recordar sus sueños. Así, le será más fácil recordar sus sueños.

Observe lo que hace su cuerpo. A veces, tendrá una sensación intuitiva tan fuerte que la sentirá en el cuerpo. Su cuerpo tiene sabiduría. Es más sabio de lo que cree. Así que, cuando tenga que tomar una decisión, fíjese en cómo se siente. ¿Siente opresión o pesadez en el pecho? Eso podría indicarle que hay algo mal en la opción que ha elegido. ¿Siente el pecho ligero? ¿Su respiración es profunda y segura? Lo más probable es que haya elegido el mejor camino para usted en este momento, así que debería seguir adelante con su decisión y confiar en ella. Algunas personas sienten un dolor de cabeza o de barriga instantáneo cuando se encuentran con personas que no son buenas. ¿Es su caso? Recuerde momentos en los que haya tenido que tomar una decisión crítica. Piense en cuando conoció a alguien que acabó siendo tóxico. ¿Recuerda cuándo conoció a las personas con las que se siente más a gusto? ¿Puede recordar cómo fueron esas experiencias? ¿Puede recrearlas en su mente y prestar atención a la sensación que siente en su cuerpo? Así dominará las señales intuitivas de su cuerpo.

Decida confiar en su intuición. Algunas personas reciben mensajes intuitivos, pero los descartan como si no fueran nada. No actúan en consecuencia. Cuando ignora los mensajes de su interior, debilita su capacidad para percibirlos. Lo mismo ocurre cuando duda de lo que le dicen. Así que decida confiar en su instinto, independientemente de cómo se desarrolle. Cuando tenga un presentimiento fuerte o se sienta empujado a hacer algo, hágalo sin hacer preguntas y sin expectativas.

Sentirá la tentación de actuar con lógica. Sin embargo, debe aceptar que la lógica está severamente limitada cuando se trata de asuntos del espíritu. No puede intentar contener la indecible e inimaginable inmensidad del espíritu en la pequeña y rígida jaula de la lógica. De lo contrario, no sólo será incapaz de sentir cuando su intuición le está diciendo algo, sino que también vivirá una vida innecesariamente difícil.

Sea cual sea el camino que elija para desarrollar su intuición, debe ser paciente consigo mismo. Este desarrollo llevará tiempo. Suponga que intenta precipitar el proceso o que se enfada consigo mismo por no ver resultados antes. En ese caso, sólo conseguirá ralentizar su progreso o detenerlo por completo.

Una práctica de meditación guiada

La meditación guiada es similar a la meditación, salvo que su atención se centrará en lo que diga su guía. Se le pedirá que visualice o sienta cosas. Si le preocupa no poder visualizar, entienda que no es diferente a imaginar algo en su mente. Algunas personas pueden utilizar todos sus sentidos en su imaginación sin ningún problema, mientras que otras pueden ser mejores sintiendo, oyendo u otra cosa. Sea cual sea su caso, puede seguir trabajando con esta meditación guiada imaginando que es verdad, incluso si sus visualizaciones internas u otros sentidos no son tan claros.

Empezando: Necesita estar en un lugar tranquilo. Si hay otras personas a su alrededor, pídales que le dejen en paz durante los próximos diez o quince minutos. Apague todos sus dispositivos, ya que quiere evitar que una notificación inoportuna le saque de esta meditación. Póngase ropa cómoda que no le pique ni le apriete demasiado, y siéntese o túmbese cómodamente. Si está sentado en una silla, apoye los pies en el suelo. La espalda debe estar recta, pero no incómoda. Imagine un cable conectado a la parte superior de su cabeza. Imagine que alguien tira de él y le hace enderezar la postura. Si se sienta en el suelo, puede adoptar la posición de loto. También puede sentarse con los pies estirados hacia delante o en cualquier otra postura que le permita relajarse. Cierre los ojos y empiece a respirar profundamente. Mientras respira, deje que su mente se aquiete y que su cuerpo se relaje. Recuerde su intención: quiere invitar a la Virgen Negra a su espacio y a su vida.

Visualizando: Imagínese en un bosque. Los verdes son vibrantes, los sonidos agradables y el aura de ese espacio es de tranquilidad. Le encanta estar aquí. Disfruta observando el cálido y dorado sol que baila en el suelo a medida que atraviesa las hojas susurradas por el viento, que se siente delicioso en su piel. Se siente atraído a mirar hacia arriba y cede al impulso. Al hacerlo, siente la presencia de la Virgen Negra. Ya no está lejos. No puede estarlo. Ella es la razón de que exista este espacio sagrado.

Sigue caminando por el sendero del bosque, que está sembrado de hojas marrones a ambos lados. Algunas de esas hojas también están en el sendero. Crujen bajo sus pies, aumentando la sensación de serenidad y santidad del bosque. Se detiene al ver una figura femenina ante usted. Su figura está adornada con una túnica que fluye con elegancia. Su rostro es la imagen de la paz y la serenidad. La mira a los ojos, dos orbes oscuros llenos de sabiduría ancestral y conocimiento de cosas demasiado maravillosas para capturarlas con palabras. Nota que su piel es oscura. Es como si le susurrara que encierra los misterios más profundos. Le dice que nutre el cosmos y que también puede nutrirle a usted. Este ser es la Virgen Negra.

Estableciendo la conexión: Ahora, permítale sentir su energía. Deje que le inunde en cuerpo y alma. Fíjese en su calidez. Le recuerda a cuando de niño le envolvían en mantas suaves y reconfortantes. La siente a su alrededor, abrazándole suavemente. Su amor le impregna y lo siente en el pecho. Nota que su corazón se llena de amor por ella, y se da cuenta de que ella también le está llenando de su amor. Mientras permanece abrazado a ella, se siente uno con ella. Siente una conexión que nunca antes había tenido con nadie. Es una conexión profunda, como si el suelo ya no estuviera bajo sus pies. En vez de eso, está en el corazón del océano del amor de la Madre Oscura. Cada respiración hace que su cuerpo se estremezca de alegría y éxtasis. Desearía poder profundizar este sentimiento, este amor que siente en su abrazo. En respuesta, siente su presencia y su consuelo aún más intensamente, ya que conoce sus deseos incluso antes de que se los pida. Nota que las lágrimas brotan de sus ojos, y le parece bien. Siente que la conoce desde hace muchas vidas, y la verdad es que sí.

Conversando: La conexión se ha completado. Usted y la Virgen Negra están ahora unidos. Ella forma parte de su vida y está dispuesta a escucharle. Así que hable con ella. Puede hablar en voz alta, en su mente o en voz baja. Haga lo que le resulte más natural. Hágale saber lo que hay en su corazón. Puede hacerle preguntas, decirle lo que desea, o simplemente hacerle saber que sólo está aquí para disfrutar de su presencia y pasar tiempo con ella. Puede pedirle sabiduría y guía sobre un asunto específico, curación o cualquier otra cosa. Si no sabe qué pedirle, puede seguir dándole las gracias en espera de las maravillas que hará en su vida.

Escuchando: Ahora es el momento de sentarse en el silencio. Siéntese a la expectativa y la Virgen Negra responderá. Ella puede usar palabras reales o comunicarse con usted a través de sentimientos. Puede evocar símbolos, cuyo significado se le hará evidente en ese momento o más adelante. Puede simplemente inundar su corazón con su paz y su amor. Así es como le ofrece su guía y afirma que ha escuchado y tratado sus preocupaciones.

Hágase uno con la Madre: Ahora, sienta su propia energía. Luego, cambie su atención a la energía de la Virgen Negra. Mueva su atención de un lado a otro, de su energía a la de ella, sentándose con cada una de ellas durante un momento. Finalmente, permita que su energía y la de ella se fusionen. Observe cómo se crea algo nuevo. Note el conocimiento intuitivo de que ahora es una persona diferente, que ha sido bendecido espiritualmente y que esa bendición se manifestará en otros aspectos de su vida. Al fusionar vuestras energías, solidificáis y fortalecéis vuestro vínculo con la Madre.

Muestre gratitud: Cuando sienta que ha llegado el momento, agradezca a la Virgen Negra que haya aparecido por usted. Dele las gracias por guiarle y amarle incondicionalmente. Dele las gracias porque sabe que el hecho de que esta meditación esté llegando a su fin no significa que vaya a estar lejos de usted. Al contrario, ahora está tan cerca como usted lo está de su corazón palpitante. Sienta su amor fluyendo por su cuerpo y su mente mientras le expresa su amor y su gratitud.

Para terminar: Tan despacio como pueda, vuelva a centrar su atención en su espacio físico tomando conciencia primero de su respiración. Después, concéntrese en su cuerpo y note cómo se siente en él. Tras unas cuantas respiraciones más, puede abrir los ojos. Respire profundamente unas cuantas veces más y habrá terminado. Ya ha aceptado oficialmente la invitación de la Virgen Negra. Ahora lleva su presencia con usted, todo el día, todos los días, en todas partes. Puede seguir fortaleciendo el vínculo entre vosotros utilizando esta meditación guiada cada día.

Cuando vuelva a sus responsabilidades y planes del día, recuerde que siempre la lleva consigo. Incluso en situaciones en las que no pueda tomarse un momento para meditar, debe saber que puede comunicarse con ella en su mente. Siempre puede llegar a ella en el momento que desee. ¿Qué ocurre si no medita y se conecta con ella cada día? Aunque ella seguirá con usted, puede que le resulte más difícil notar su presencia en su vida. Por lo tanto, depende de usted mantener la conexión con ella. En cuanto a la Virgen Negra, no tiene intención de dejarle marchar. Nunca más tendrá que sentirse solo.

Capítulo 8: La curación a través de lo divino femenino

Curación divina

Cuando experimenta la curación divina, lo sabe. Es inconfundible. Lo siente en el cuerpo. Lo nota en la forma en que su mente funciona de manera diferente. Ve cómo su vida cambia para mejor. Es como si un bálsamo calmante se hubiera extendido sobre su corazón, y todos sus pedazos rotos estuvieran enteros de nuevo. Siempre que tenga problemas físicos, espirituales, emocionales o de cualquier otro tipo, la curación es lo que necesita para recuperar el equilibrio.

Lo divino femenino es la fuerza que le sana y le deja como nuevo. Hace más que curar las heridas de las que es consciente. También cura el dolor que no sabía que aún tenía, y esa es su belleza. O, dicho con más precisión, esa es la belleza de la presencia sanadora de la Madre Oscura en su vida. ¿Sabe que los niños siempre acuden a sus madres cuando están heridos, enfermos o lastimados? Bueno, es el hijo de la Virgen Negra. Puede acudir a ella. Nunca será demasiado viejo ni demasiado sofisticado para llevarle todo su dolor y pedirle que le muestre compasión y curación. Ella quiere que acuda a ella siempre que se sienta herido, para que pueda curarle y consolarle.

Verá, elegir permitirle entrar en su vida significa que se desprenderá de todo lo que bloquea su iluminación[14]

Lo que hace especial a la curación divina es que va más allá de curar sus heridas emocionales y espirituales. La Virgen Oscura hace mucho más que arreglar lo que está roto en su vida. Le transforma de dentro a fuera. Ella toma sus heridas y las utiliza para encender el proceso de renacimiento en su corazón, dándole una nueva oportunidad en la vida. No deja que se revuelque en el dolor para que aprenda alguna lección. Le enseña mientras le cura, lo que la convierte en la madre perfecta. Con el tiempo, descubrirá que ha hecho algo más que devolverle a su estado anterior: le ha ayudado a trascender la persona que era. Descubrirá que se ha convertido en algo más que las historias restrictivas que solía contar y creer sobre sí mismo.

La curación divina de la Madre se expresa con amor, compasión y empatía. No hay nada mejor que eso. Incluso si está en un lugar de la vida en el que se siente completo, al invitarla a estar con usted, se sorprenderá al descubrir que hay cosas que ella puede transformar. Verá, elegir permitirla entrar en su vida significa que se despojará de todo lo que bloquea su iluminación. Sus viejas heridas pueden resurgir para que puedan ser sanadas por completo. Dejará ir las dudas, el dolor, la ira y el miedo que ha reprimido porque era la única forma de sobrevivir.

La Madre Oscura siempre está ahí para ayudarle a ver que no está solo. Ella está con usted en todo momento. Está ahí para consolarle, escucharle sin juzgarle y ayudarle a recuperarse de lo que sea que haya roto su espíritu. Ella acoge su vulnerabilidad y le acepta tal como es. Déjela obrar sus milagros en su vida; verá cómo se corrigen todos los desequilibrios. Si presta atención, se dará cuenta de que la mayoría de la gente no vive una vida equilibrada. O trabajan demasiado o no trabajan nada. Tienen prisa o están encerrados en el sofá. Están ansiosos o apáticos. Si alguna vez ha oído a alguien decir: "O estoy aquí o estoy allí. Hago cosas extremas, nada de intermedios", esto es lo que significa vivir una vida sin equilibrio. Tal vez usted también lo haya dicho alguna vez en su vida o esté de acuerdo con ese sentimiento. Sin embargo, no tiene por qué ser así. Recuerde que la Virgen Oscura personifica el equilibrio y la integración de los opuestos. Así que puede esperar que le enseñe a encontrar la paz siendo equilibrado.

A medida que la Virgen Africana le cure, se convertirá en un profesional de la alineación de sus energías. Aprenderá a equilibrar sus emociones. Por ejemplo, algunas personas realmente no entienden cómo enfadarse con alguien a quien aman. Es como si tuviera que ser o ira o amor. No pueden entender cómo equilibrar eso. Por eso, como quieren ser buenos compañeros, reprimen sus sentimientos cada vez que su pareja hace algo que les enfada. Cuando se desahogan, se olvidan de que la persona a la que están despellejando viva es alguien a quien quieren. Cuando se han pronunciado palabras duras, y se han dicho cosas hirientes e irreversibles, sienten remordimiento, deseando haberse refrenado. Ésta es sólo una de las formas en que la Virgen le enseña a equilibrar sus sentimientos y todos los demás aspectos de la vida. Como ve, la curación divina del amor de la Virgen Negra es incomparable.

La curación de Sophie

Sophie vive en el sur de Francia desde siempre. Pregunte a cualquiera que la conociera y la describiría como un alma amable, gentil y cariñosa, una mujer con una fe profunda e inquebrantable. Su fe era digna de admiración porque, durante más de diez años, luchó contra una enfermedad debilitante. Cada día estaba lleno de fatiga y dolor. Había vivido con dolor durante tanto tiempo que ya no recordaba lo que se sentía al no tener el cuerpo dolorido y con la sensación de que se desmoronaba. Siempre creyó que algún día encontraría la curación. Sin embargo, no sabía cómo. La medicación no le hacía mucho efecto y algunos días casi perdía la fe. Aun así, perseveró.

Un día, una amiga pasó por casa de Sophie con varios libros para ella, ya que le encantaba leer. Una vez sola, cogió la pila de libros para ver en cuál se sumergía primero. Sin embargo, el de la Virgen Negra se le cayó al suelo. Cayó torpemente, abierto y boca abajo en el suelo. Con cuidado, se agachó para cogerlo. Su instinto le dijo que leyera la página en la que había caído abierto. Así lo hizo. Resultó que esa página trataba de cómo la Virgen Negra cura a cualquiera que le pida ayuda. En ese momento, sintió como si una luz se encendiera en su corazón. Supo que había estado esperando ese momento.

Al día siguiente, Sophie llamó emocionada a su amiga y le pidió que la llevara al santuario de la Virgen Negra más cercano. No fue un viaje fácil para Sophie, ya que su cuerpo estaba maltrecho y dolorido. Aun así, con una sonrisa en los labios y el corazón lleno de esperanza y expectativas positivas, lo consiguió. Cuando llegó al santuario, se quedó boquiabierta ante la estatua de la Virgen Negra. Le dejó sin aliento. Parecía llamarla para que se acercara, y la conmovió tan profundamente que se acercó a ella, con lágrimas cayendo por su rostro y oraciones brotando de sus labios. Se permitió compartir su dolor con la Virgen Negra. Gritó: "He tenido que cargar con este dolor durante demasiado tiempo. Por favor. Sé que eres la persona que he estado esperando. Sé que tenía que estar aquí ahora. Sé que puedes ayudarme, Virgen Negra. Te ofrezco mi cuerpo y te pido que me cures". Extendió la mano para tocar a la Virgen Negra y, aunque su cuerpo aún le dolía, en ese instante sintió una profunda paz. Era innegable. Sophie sabía que la Virgen Negra era real y estaba presente.

Con el paso de los días y las semanas, Sophie experimentó un cambio en su cuerpo. Se volvió más flexible. Los dolores eran cada vez menores. Incluso su piel se volvió más sonrosada y de aspecto más joven. No hizo nada diferente. No tomó nuevos medicamentos ni cambió su dieta. Cada día estaba más fuerte. En su siguiente revisión médica, la doctora quedó tan asombrada que llamó a los demás médicos para que presenciaran la milagrosa recuperación de Sophie. Se rascaron la cabeza, teorizaron y analizaron, pero no pudieron encontrar una razón científicamente sólida para la curación de Sophie. Sophie les dijo: "¡Eso es porque la Virgen Negra está más allá de la ciencia!". Por supuesto, la mayoría de ellos pensaron que estaba chiflada, pero a Sophie no le importó. Estaba curada. Ahora tiene el deber de visitar con regularidad el santuario de la Virgen Negra y compartir su historia con todo el que esté a su alcance.

La curación de Fátima

Fátima tenía una relación afectuosa con su familia. Tenían una conexión encantadora entre ellos, compartían sus sueños y esperanzas, se animaban mutuamente y disfrutaban del amor que se tenían. El hogar de su infancia era un refugio seguro, y nunca hubo un momento en el que no se sintiera querida o escuchada. Sin embargo, eso se arruinó cuando una amiga a la que había invitado a su casa le contó una mentira maliciosa. Una mentira cruel. Esta "amiga" de Fátima había acusado a su hermano, Ahmed, de abusar de ella. La mentira era tan vil que sacudió a la familia hasta la médula. La acusación era grave, así que, por supuesto, Fátima se enfrentó a su hermano. La historia era tan horrible, y su amiga era una maestra del engaño, que era difícil creer que Ahmed fuera inocente. El enfrentamiento llegó a ser tan intenso que destruyó por completo la conexión de Fátima con sus seres queridos. Creía tanto a su amiga narcisista que se sentía obligada a apoyarla. La familia de Fátima estaba tan enfadada y frustrada con ella que finalmente decidieron echarla.

Fátima se sorprendió al verse rechazada por las personas a las que llamaba familia. Ni una sola persona se molestó en llamarla después para saber cómo estaba o adónde había ido. Estaba enfadada. Estaba herida. Se sentía sola. Pensaba que podía contar con su amiga, pero acabaría descubriendo alguna de las otras mentiras de esta persona. Tuvo que cortar lazos con ellos en ese momento, así que se sintió verdaderamente sola. Las semanas se convirtieron en meses, los meses en años, y Fátima se había acostumbrado a estar sola. Se volvió desconfiada y se enseñó a vivir sola. Se convenció de que no necesitaba a nadie y reprimió su soledad. Era sólo cuestión de tiempo que la depresión de Fátima fuera demasiado fuerte.

Una noche, cansada de esconderse en la pequeña habitación del minúsculo apartamento que había conseguido alquilando, decidió dar un paseo. Los pensamientos depresivos y suicidas se estaban volviendo demasiado pesados, y había aprendido que pasear era una buena manera de manejarlos. Esta tarde, se sintió obligada a tomar una ruta diferente a la que estaba acostumbrada. Así que siguió su impulso. Mientras caminaba, vio una imagen de la Virgen Negra junto a una puerta. Curiosa, se detuvo y la contempló, hipnotizada. Un anciano abrió la puerta y sonrió a Fátima. "Ella quiere verte si tú quieres verla a ella". Le hizo señas para que entrara y se adelantó, sin esperar a ver si ella le seguía al santuario de la Virgen Negra. Fátima tuvo un breve momento en que quiso seguir caminando, pero pensó: "Bueno, si me va a quitar la vida, al menos me sacará de mi miseria". Solía ser una persona alegre y brillante, pero ahora, pensamientos como éste se habían convertido en la norma para ella.

Fátima entró y, dentro, vio una estatua de la Virgen Negra. Era de tamaño natural, pero a ella le pareció más grande que la vida. Inmediatamente se sintió atraída por la estatua. Como si estuviera en trance, caminó hacia la estatua y comenzó a golpearla, gritando y llorando. Mientras lo hacía, era como si no hubiera nadie más en la habitación con ella. Sólo estaban ella y la Virgen Negra. Nadie la detuvo. Continuó y, finalmente, dejó de golpear la estatua, la abrazó y sus gritos se redujeron a gemidos. "Por favor, cúrame. Por favor, cúranos". Repetía esta sencilla oración una y otra vez. Al final, se quedaba dormida a los pies de la Virgen Negra. Sus anfitriones eran cálidos y amables, y cuidaron de ella hasta que se marchó al día siguiente. Sentía el corazón más ligero y el paso más animado. La Madre Negra la había curado. Le enseñó a Fátima que su familia podía haberla rechazado, pero que ella siempre había estado ahí. La Madre Negra era su madre, su padre, su hermano y su hermana. Era su amiga y su confidente.

Fátima practicaba diariamente la conexión con la Virgen Negra, gozando fielmente de su presencia y recibiendo profundas percepciones. Quería hablar con su familia, pero la Madre le dijo que no era necesario. Seis meses después de la velada en el santuario de la Virgen Negra, sonó su teléfono. Era un número desconocido y, por lo general, Fátima evitaba las llamadas de números que no reconocía. Cuando sonó esta vez, sintió que el tiempo se detenía. Le pareció una cita con el destino, y lo era. Cuando contestó, la voz al otro lado era la de su padre. Habían quedado con el resto de la familia. Ni que decir tiene que la reunión fue intensa y reparadora para todos. Fátima tuvo la oportunidad de pedir perdón a Ahmed, y su familia se disculpó por haberla abandonado. Al hacerlo, sus heridas emocionales se curaron. La Madre Negra alimentó con su esencia el perdón y la comprensión entre ellos. La fe de Fátima en la Madre es ahora más fuerte que nunca.

Las historias de Sofía y Fátima son sólo dos de las miles y miles que demuestran el poder curativo divino de la Virgen Negra. No hay herida demasiado profunda que ella no pueda curar ni grieta que no pueda arreglar.

Las cualidades protectoras de la Madre Oscura

¿Le gustaría saber cómo puede cuidarle la Madre Oscura? Este es un análisis detallado de los rasgos de la Virgen Negra, concretamente en lo que se refiere a su papel de cuidadora, que es una expresión de la divinidad femenina.

Ella ofrece amor incondicional. En el momento en que decida conectar con la divinidad femenina, descubrirá que su amor le abraza. La Madre Oscura es tan tierna como poderosa. No necesita que sea o haga nada especial para mostrarle su amor. Mire a Fátima, por ejemplo. Cometió un error honesto, pero a la Madre Africana no le importó. No se enfadó por la forma en que Fátima expresó su dolor y su pena. La amaba y la sigue amando, a pesar de todo. La Madre siente lo mismo por usted

Siempre es compasiva y empática. Le entiende. Esto no es sólo una frase para hacerle sentir cálido y acogido. La Madre Oscura realmente le comprende y empatiza con usted. Más que nadie, conoce las penas que experimenta. Siente su alegría y su dolor. Así que, siempre que se sienta agobiado o sienta que la vida es demasiado, recuerde que ella está a su lado. Ella está ahí para llevar sus cargas. Si necesita a alguien que le escuche sin juzgarle, acuda a ella; le ofrecerá sus oídos y su corazón.

Ella le protege y le consuela. En medio de una tormenta, puede confiarle sus preocupaciones y miedos. Sentirá que sus miedos se desvanecen al darse cuenta de que la divinidad femenina en su interior es más grande que cualquier cosa que pueda venir contra usted. Puede sentirse reconfortado con su amoroso abrazo y permitir que alimente su corazón con coraje.

Ella le sana y renueva su vida. Ya sea que esté lidiando con una rodilla raspada o un corazón golpeado, ella le traerá sanación. Ella es tranquilidad, fluidez y rejuvenecimiento. Su presencia en su vida mantiene las cosas limpias, haciendo imposible que cualquier herida se infecte y le hunda.

Le da fuerza. Cuando se enfrenta a un reto o a una lucha, puede contar con ella para que le alimente con la fortaleza que necesita para perseverar. Justo cuando crea que está agotado, ella se convertirá en su segundo aliento y le ayudará a afrontar sus problemas con una gracia poco común.

Curación mediante la devoción

Puede utilizar la oración, los rituales curativos, la danza sagrada curativa y técnicas similares para ayudarle a conectar con el poder curativo de la Virgen Negra.

El poder de la oración

Rezando, puede conectar con la Virgen Negra. Rezar no requiere ropa ni circunstancias especiales. Es un trabajo interior, porque sólo necesita un corazón abierto con intenciones claras. Rezar implica mantener una conversación con la divinidad femenina. Puede compartir sus sentimientos y pensamientos con ella o simplemente exponer sus intenciones y pedirle que las bendiga. Puede pedirle curación y ella le responderá.

Cómo: Antes de empezar el día, tómese de cinco a diez minutos para sentarse en silencio y cerrar los ojos. Tras unas cuantas respiraciones profundas, puede empezar a hablar con la Virgen Negra. Dígale lo que le gustaría que sanara. Comparta sus sueños y temores. Es una confidente, así que puede contarle todo y cualquier cosa. Cuando termine, siéntese en silencio y espere a recibir alguna revelación. También puede sentarse en silencio hasta que sienta paz, lo que confirma que ha sido escuchado y que su oración ha sido escuchada.

Rituales de curación

Un ritual es una ceremonia con una secuencia precisa de acontecimientos y ciertos elementos que la hacen especial. Los rituales pueden ser elaborados o sencillos. Puede encender una vela, quemar incienso, montar un altar y rezar en él, o hacer todo esto y más. La idea es que los rituales hacen que la energía de la Virgen Negra llegue con más fuerza porque está siendo intencionado en su deseo de conectar con ella mientras realiza el ritual. El ritual puede demostrar su amor por la Madre y, además, es un canal que permite que su amor curativo fluya a través de usted y hacia sí mismo.

Cómo: Designe una pequeña zona de su casa como espacio sagrado. Si tiene un poco de salvia, puede quemarla para limpiar primero la energía de este espacio. Consiga una imagen o una talla de la Virgen Negra y colóquela en este espacio, en el suelo o sobre una mesa, que se convertirá en su altar dedicado a ella. Si tiene otros objetos que le recuerden a la Virgen Negra, puede colocarlos también junto a la estatua o la obra de arte. Cuando se prepare para realizar un ritual, siempre debe empezar limpiando el espacio con salvia. A continuación, encienda una vela, siéntese con los ojos cerrados durante unos instantes y respire profundamente para centrarse. Cuando esté relajado y quieto, puede abrir los ojos y contemplar a la Virgen Negra. O mantenga los ojos cerrados y rece o medite sobre su esencia. Cuando haya terminado, deje siempre que la vela se apague sola y dele las gracias por honrarle con su presencia. Por favor, nunca deje una vela o incienso encendidos sin vigilancia.

Danza sagrada curativa

Su cuerpo es inteligente. Una de las formas en que puede expresar esa inteligencia es a través de la danza. Cuando baila, se expresa. Bailar con la intención de experimentar la curación de la Virgen Negra en su vida atraerá definitivamente ese poder hacia usted. Al participar en danzas sagradas de sanación, libera las emociones reprimidas en su interior. Acepta su consuelo, curación, guía y mucho más.

Cómo: Elija cualquier música que recuerde la esencia de la Madre Negra. Debe elevarle espiritualmente y lo mejor es que no tenga letra que le distraiga. Busque un lugar privado y tranquilo en su casa o una zona apacible al aire libre. Deje que su cuerpo se mueva. Piense en la música como una pregunta y en los movimientos de su cuerpo como la respuesta. Puede desconectar el cerebro sintiendo su cuerpo mientras se mueve. Observe cómo le afectan los distintos movimientos. Deje que sus emociones salgan a través de su cuerpo como quieran. Esto no es para Broadway: esto es para permitir que la energía de la Madre Divina fluya a través de usted para que pueda sanar, así que mantenga esta intención al frente y en el centro de su mente.

Capítulo 9: Honrando a la Diosa Madre

La gente honra a la Virgen Negra de diversas maneras, ya sea en solitario o en comunidad. Entendiendo cómo la gente muestra su devoción a la Virgen, también sabrá cómo puede mostrarle su vida y su aprecio.

Altares y santuarios

En todo el mundo hay santuarios en honor de la Virgen Negra. Los santuarios públicos son lo bastante grandes como para acoger a muchos devotos a la vez. ¿Cómo se monta un altar? La gente monta altares en sus casas para honrar a la Madre, aunque no estén cerca de un santuario. En primer lugar, necesita un espacio sagrado. Cuando monte su altar, tiene que hacerlo con intención. Escoja un espacio que le parezca adecuado o significativo para usted y para los demás devotos de la Virgen Negra que le rodean. No se trata de un espacio ordinario. Es un portal que permitirá que la energía de la Madre penetre poderosamente.

Un elemento principal de un altar o santuario es el arte. Necesita representaciones de la Virgen Negra, ya sean pinturas, esculturas o ambas. Son más que representaciones de la divinidad femenina; también son portales que permiten que lo divino y lo terrenal se fusionen. Colocarlas en su santuario o en su altar ofrece a todos algo en lo que concentrarse mientras rezan, meditan o contemplan.

También necesitará velas. Ahora que tiene la presencia de la Virgen en su corazón, la llama de la vela representa la luz divina interior que brilla dentro de usted. Al encender una vela, realiza un ritual. Recurre a las energías cálidas y amorosas de la Madre y facilita que se produzca en usted una alquimia interior mientras permanece en el altar o santuario. Puesto que la Madre tiene una conexión con la naturaleza, puede incluir flores y follaje en el altar para honrar este aspecto de la Virgen Negra. Las flores frescas representan las ideas de crecimiento y belleza interior. En cuanto al follaje, representa la fertilidad de la Madre Divina y su capacidad para renovarle y bendecirle con abundancia.

Si lo desea, puede añadir otros objetos que signifiquen algo para usted o para su comunidad y que le conecten con la Virgen Negra. Puede sentirse inspirado para añadir conchas marinas, piedras y cristales especiales, vasijas de agua e incluso símbolos dibujados o tallados para atraer aún más su energía al altar o al santuario. Cuando haya montado el altar, puede hacerle ofrendas. Su ofrenda puede ser tan sencilla como un vaso de agua. También puede llevar más elaboración, como una comida bien preparada. Puede ofrecer otros objetos que le sean queridos. No importa lo que ofrezca, siempre y cuando se sienta guiado intuitivamente a ofrecer ese objeto, y lo haga con un verdadero sentido de aprecio por la Madre Negra. Cuando no esté ocupado apreciándola en el altar o santuario, puede simplemente contemplar su esencia o reflexionar sobre las percepciones que le ha dado.

Vigilias con velas

Es la luz del alma y la luz de la divinidad femenina que le nutre y le mantiene a salvo y protegido[15]

Los devotos de la Virgen Negra también celebran vigilias con velas en su honor. No son rituales ordinarios. Tienen por objeto venerarla y unir a todos en su amor. Cada llama representa la luz interior de la divinidad que cada devoto lleva dentro. Es la luz del alma y la luz de la divinidad femenina que le nutre y le mantiene a salvo y protegido. Las vigilias a la luz de las velas son excelentes para unificar comunidades. La energía de calidez y solidaridad es palpable. Todos permanecen juntos, mirando fijamente la llama de la vela que tienen en la mano. Si alguna vez tiene la oportunidad de participar en una vigilia, debería ir. Se alegrará de haber asistido.

Festivales y peregrinaciones

La gente honra y celebra a la Virgen Negra a través de festivales y peregrinaciones. Las peregrinaciones son viajes a lugares sagrados en los que suelen participar personas de todo el mundo. Los festivales están llenos de alegría y luz; todo el mundo es plenamente consciente de su naturaleza espiritual y de su conexión con los demás y con la divinidad. Estos festivales se celebran en todos los santuarios o lugares dedicados a la Virgen Negra. Por ejemplo, la Virgen de Altötting. Cada año, al menos un millón de fieles se dirigen a Altötting para agradecerle y rezar por sus milagros y bendiciones en Nuestra Señora Altötting, que se encuentra en la Capilla de la Misericordia o Gnadenkapelle (Capilla de la Misericordia). También puede disfrutar del Festival Gitano de Sara, que se celebra en la Camarga. Miles de gitanos acuden a este festival para honrar a la Virgen Negra.

Los festivales y las peregrinaciones son excelentes para la expresión cultural y la comunión con personas de ideas afines. Cuando se participa en ellos, se experimenta una conexión espiritual como ninguna otra. Hay ceremonias y rituales, oraciones, procesiones y mucho más. Además, siempre hay milagros y testimonios. No se puede exagerar la importancia espiritual de los lugares y santuarios de la Virgen Negra. Ofrecen puntos de contacto físicos para que tanto los que conocen a la Madre como los que no, la experimenten poderosamente. Suelen ser lugares serenos con historias interesantes y elementos naturales. Cuando viaje a estos lugares, puede considerar su viaje como una metáfora de su viaje alquímico interior. A continuación, se comparte una lista de los días festivos anuales en honor de la Virgen Negra y sus ubicaciones. Recuerde que las fechas pueden variar en función de lo que ocurra en cada lugar, y que puede haber alteraciones en los calendarios litúrgicos.

Además, no se trata de una lista exhaustiva.
1. **Fiesta de Nuestra Señora de Częstochowa:** 26 de agosto, en el monasterio de Jasna Góra, Częstochowa, Polonia.
2. **Fiesta de Nuestra Señora de Lourdes:** 11 de febrero, en el Santuario de Nuestra Señora de Lourdes, Lourdes, Francia.
3. **Fiesta de Nuestra Señora de Montserrat:** 27 de abril, en el Monasterio de Montserrat, Cataluña, España.
4. **Fiesta de Nuestra Señora del Pronto Socorro:** 8 de enero, en el Santuario Nacional de Nuestra Señora del Pronto Socorro, Nueva Orleans, Luisiana, Estados Unidos de América.
5. **Fiesta de Nuestra Señora de Guadalupe:** 12 de diciembre, en la Basílica de Nuestra Señora de Guadalupe, Ciudad de México, México.
6. **Fiesta de Nuestra Señora de Regla:** 8 de septiembre, en la Basílica de Nuestra Señora de Regla, Regla, Cuba.
7. **Fiesta de Nuestra Señora de Montevergine:** 2 de febrero, en la Abadía de Montevergine, Nápoles, sur de Italia. (Este acontecimiento es muy querido por la comunidad LGBT, ya que la Virgen de Montevergine les ha ayudado históricamente, remontándose a la época medieval).
8. **Fiesta de Nuestra Señora de Einsiedeln:** 14 de septiembre, en la Abadía de Einsiedeln, Einsiedeln, Suiza.
9. **Fiesta de Nuestra Señora de Candelaria:** 2 de febrero, en la Basílica de Candelaria, Tenerife, Islas Canarias, España.
10. **Fiesta de Nuestra Señora de Altötting:** 12 de septiembre, en la Capilla de Gracia, Altötting, Alemania.
11. **Fiesta de Nuestra Señora de Tindari:** 8 de septiembre, en el Santuario de Tindari, Sicilia, Italia.
12. **Fiesta de Nuestra Señora de Walsingham:** 24 de septiembre, en el Santuario de Nuestra Señora de Walsingham, Norfolk, Inglaterra.
13. **Fiesta de Nuestra Señora de África:** 20 de abril, en Notre Dame d'Afrique, Argel, Argelia.
14. **Fiesta de María, Divina Madre (Solemnidad de María, Madre de Dios):** 1 de enero, en las iglesias católicas de todo el mundo.

Meditación y contemplación

Los devotos de la Virgen Negra reconocen la importancia de las prácticas gemelas de meditación y contemplación porque facilitan la conexión con la energía de la divinidad femenina y la mantienen fluyendo en sus vidas. Se dan cuenta de que la guía de la Virgen Negra se hace más clara cuando dedican tiempo a estas cosas. La meditación consiste en mantener la atención en una cosa, ya sea un objeto, la respiración o un mantra o afirmación, para ayudar a ser más consciente del momento y en general.

Por otro lado, la contemplación consiste en traer a la mente un interés o una preocupación concretos, sentarse con ellos atentamente, explorar todos los aspectos posibles y llegar a una visión profunda del tema. Puede contemplar a la Virgen Negra, un aspecto de su ser, un símbolo o cualquier otra cosa que desee.

Ya sabe cómo meditar. Ahora, la pregunta es, ¿cómo se contempla? Concretamente, ¿cómo contemplar a la Virgen Negra para honrarla?

Una buena forma de ajustar el ambiente del espacio sería utilizar una o varias velas en lugar de luz diurna o luz eléctrica más dura[16]

Lugar: Elija un lugar tranquilo y cómodo, sin distracciones y acogedor. Debe disfrutar estando en este lugar. Una buena forma de ajustar el ambiente del espacio sería utilizar una o varias velas en lugar de luz diurna o luz eléctrica más dura. Si enciende incienso, conseguirá que la atmósfera sea aún más sagrada. Esto es excelente para su contemplación.

Intención: Elija qué aspecto de la Virgen quiere contemplar. ¿Quiere extraer oro de la idea de integrar los opuestos? ¿Quiere hacer las paces con la oscuridad y ver qué dones tiene para ofrecerle? ¿Quiere comprender cómo permitir más la transformación alquímica o la curación espiritual de la Virgen Negra? Determine su intención.

Sea cual sea su elección, elabore una pregunta breve que resuma lo que le gustaría contemplar. Por ejemplo, podría preguntar: "¿Cómo puedo lograr más tranquilidad en mi vida con la ayuda de la Virgen Negra?". Esta será su pregunta ancla. Pronto entenderá por qué la necesita. Si quiere, también puede contemplar algo físico, como su estatua, su foto o cualquier cosa que tenga que conecte con usted y le recuerde instantáneamente a la Madre Negra. Si lo desea, puede contemplar sus ojos, su piel, sus brazos extendidos o cualquier elemento de su representación visual que le atraiga.

Contemplación: Contemple lo que haya decidido. Cierre los ojos, respire hondo unas cuantas veces para anclarse en el aquí y el ahora y sentirse quieto y centrado. Cuando note la clara paz que se produce al meditar, puede abrir los ojos y mirar lo que quiera contemplar. Si no es algo visual, mantenga los ojos cerrados y deje que su mente explore el tema elegido.

La contemplación no es algo que se fuerce. Tampoco puede precipitar el proceso. Tómese su tiempo. Si puede, hágalo en un momento en el que no tenga obligaciones para no precipitarse inconscientemente. Deje que los pensamientos y las impresiones internas surjan por sí solos en su interior. Si se da cuenta de que se desvía de su contemplación hacia otros pensamientos, utilice su pregunta de anclaje para volver a ella. Puede formular la pregunta en voz alta, en voz baja o mentalmente. Esta pregunta le anclará al propósito de su contemplación.

Es posible que le surja una nueva pregunta mientras su mente se ilumina con ideas. Puede escribirla para que sea el tema de su próxima contemplación si necesita más tiempo con el asunto actual. Sin embargo, si se siente satisfecho con lo que ha recibido hasta ahora y aún tiene tiempo, puede contemplar lo siguiente. Tenga en cuenta que lo mejor sería disponer de un diario para tomar notas. Si escribir le resulta lento y tedioso, utilice una aplicación de grabación para decir sus pensamientos en voz alta y transcribirlos más tarde. Siempre es útil tenerlos por escrito para poder leerlos cuando quiera o saltar a puntos especialmente profundos de su contemplación sobre los que le gustaría reflexionar.

Integración: Ahora que ha recibido información, es hora de hacerla útil. ¿Por qué es importante? No está contemplando asuntos espirituales simplemente por saber. Una cosa es no saber algo y no actuar en consecuencia. Después de todo, ¿cómo puede actuar con información que no tiene? Otra cosa es tener conocimientos y no hacer nada con ellos o al respecto. Aplique la sabiduría que recibe en la práctica. Escriba o diga al menos tres maneras de ponerla en práctica en su vida. Si le sirve de ayuda, considere cada parte de su vida y piense en tres cosas que hará de forma diferente en cada una de ellas, ya sea en sus relaciones personales, en su vida profesional, en su salud, en su camino espiritual, etc.

Conclusión: Cuando haya terminado de contemplar, lo sabrá. Se sentirá como estar completo, a falta de una forma mejor de describirlo. Cuando llegue a esta sensación, cierre los ojos una vez más y agradezca a la Virgen Negra su sabiduría y su guía. Agradézcale de antemano que le ayude a integrar en su vida cotidiana las percepciones que ha recibido de la contemplación. Verá, tiene su voluntad interior y su determinación, pero esas cosas sólo pueden llevarle hasta cierto punto. Obtendrá resultados fenomenales si le pide y le agradece la gracia y la fuerza para poner en práctica lo que ha aprendido.

Cuando no encuentre en su interior la fuerza para hacer lo correcto y sabio, la Virgen Oscura intervendrá y le dará la fuerza que necesita. Está expresando una confianza total en ella al agradecerle justo después de su contemplación que le ayude con esto. Le está diciendo que sabe que ella le ayudará en su misión de transformación interior. Ese tipo de fe la complace, y ella estará más que feliz de probar que estaba en lo correcto al confiar en ella incluso antes de que tuviera evidencia de su ayuda y bendición en su vida.

Por qué es importante la devoción

Necesita dedicarse a la Virgen Negra para mantener su relación con ella. A medida que exprese esta devoción, se transformará de muchas maneras y siempre para mejor. Al acercarse deliberadamente a ella, le demuestra su amor y nutre su vínculo con ella. También hace imposible que sus bendiciones y sanación no fluyan hacia usted. Cuando se dedica a la divinidad femenina, su vida espiritual se enciende, arde más, revelando más de su verdadero yo. Va más allá del mero dogma y la doctrina, ya que tiene experiencias reales de lo divino. Este es el beneficio que le ofrece la devoción.

La devoción es una forma de permitirle sanar también por dentro. Acudiendo deliberadamente a la presencia de la Virgen Negra cada día, le da espacio para que trabaje en sus heridas. Ella curará sus traumas. Revisará el pasado y reparará lo que está roto en usted. No hay mejor espacio para dejar que ella le ayude con sus heridas emocionales que durante la devoción. La devoción es un servicio que ofrece a la Virgen Negra desde el corazón, desde la verdad y la reverencia. Algunas personas sólo piensan en ella cuando necesitan algo, pero de este modo se engañan a sí mismas. Con devoción, se acerca a ella y se relaciona con ella como lo haría con un amigo. A nadie le gusta ese amigo que sólo le llama cuando necesita algo. Obviamente, a la Virgen Negra no le molesta eso, pero es justo y correcto que convierta la devoción en una práctica diaria. Al hacerlo, experimentará más milagros y bendiciones. Obtendrá más sabiduría y su desarrollo espiritual se disparará.

Al dedicarse a la Virgen Oscura, construye un puente que le lleva del mero conocimiento de la cabeza al conocimiento del corazón de todos los asuntos espirituales. Es diferente de los que tienen talento para parecer que saben de lo que hablan, pero no tienen experiencias reales con la Madre. Usted la vive. La respira. Ella es tan real para usted como las palabras de esta página. Lo único que ocurre cuando decide dedicarse a ella es que establece prácticas diarias para recordar su presencia y su benevolencia en su vida.

La devoción hace tangible lo inefable en su vida. Sabrá, sin lugar a dudas, que hay más en la vida de lo que sus sentidos físicos pueden captar. La devoción es como beber a diario del río de vida que fluye eternamente: la Madre Negra. Le aporta paz. Le ayuda a ver más allá de las ilusiones del mundo físico, ya que facilita que la Virgen demuestre su presencia y le recuerde que no hay nadie más grande que ella. Así, cuando los retos, los obstáculos y la adversidad asoman la cabeza y parecen insuperables, se relaja. Sabe, a través de la devoción, que tiene una presencia dentro de usted que es mayor que cualquier cosa que el mundo pueda arrojarle.

Conclusión

Ahora cree que le está llamando, ¿verdad? Puede que este libro haya llegado a su fin, pero hay asuntos pendientes entre usted y la Virgen Negra. Algo flota en el aire, esperando a que usted dicte lo que sucederá a continuación. Su invitación sigue en pie, sus manos extendidas esperan, deseando que las coja con las suyas para mostrarle el camino hacia la plenitud, el crecimiento, la libertad y la alegría. Ahora ya sabe lo que implica su oferta. Sabe qué esperar de ella y comprende lo que se espera de usted. ¿Dejará este libro cuando termine y seguirá con sus asuntos como si no la viera pidiéndole que le permita embellecer su vida? ¿O dará el salto, confiando en que ella le sanará a todos los niveles? ¿Dejará que transforme su vida a mejor? ¿Aceptará su oferta de paz y tranquilidad? ¿Dejará que le enseñe lo que sabe para que pueda utilizar la sabiduría que le ofrece para crear una vida que esté en consonancia con su verdadero yo? Sólo usted puedes responder a esa pregunta.

Este libro le ha introducido en el enigma de la Madre Negra. Sabe reconocer su presencia. Siente una fuerte resonancia con ella, y no es casualidad. Ha descubierto esta fuerza benévola que puede ofrecerle transformación espiritual y mostrarle las maravillas y los misterios de la eterna divinidad femenina. Ha aprendido cómo bendice a todos y nunca discrimina al ofrecer guía, protección y profunda sabiduría a aquellos que la buscan y la invocan. Puede que haya llegado a la conclusión de este libro, pero cuando se trata de su historia con ella, sigue estando incompleta. Si quiere saber cómo sigue, tiene que confiar en ella. ¿Por qué no? Hay muchas razones para aceptarla en su vida.

La Madre Oscura es la resistencia misma. Es un testamento de que puede soportar lo peor de lo peor y aun así salir victorioso, transformado en la mejor versión de sí mismo. Esa es la belleza de tener una relación con ella. No hay límite para lo que puede mejorar. Ella se dedica a dejarle con la boca abierta de asombro y gratitud mientras le lleva de altura en altura y usted sigue honrándola con devoción. Lo ha visto todo, desde el auge y la caída de reinos e imperios hasta las pruebas y los triunfos a los que se ha enfrentado la humanidad colectiva e individualmente. Ella sabe lo fea que puede llegar a ser la humanidad, pero es igualmente consciente de su potencial para prosperar y elevarse. La Madre Divina quiere que conozca su potencial y que lo haga realidad.

Si le dice que sí, le advierto que nunca volverá a ser el mismo. Su transformación será tan brillante y hermosa que apenas podrá reconocer a la persona que era antes de leer este libro. La Virgen Negra le demostrará que no es un dios lejano que elige a quién responde a sus plegarias. Será una amiga cariñosa, una madre y una guía, a su lado, que le conducirá por los caminos que debe tomar. Puede que se arrepienta de no haberla conocido antes o de haber perdido el tiempo dudando entre entregarle su vida o no. Sin embargo, no pierda el tiempo de esta manera. Está exactamente dónde debe estar. Además, puede estar tranquilo sabiendo que a ella no le importan los calendarios ni los relojes. La Virgen Negra nunca llega tarde.

Apéndice: Lista de Vírgenes Negras

Nuestra Señora de la Consolación de los Abatidos y Oprimidos

Nuestra Señora de la Consolación de los Abatidos y Oprimidos[17]

Nuestra Señora de la Liberación

Nuestra Señora de la Liberación[18]

La Virgen María de Einsiedeln

La Virgen María de Einsiedeln[19]

Nuestra Señora de Guadalupe

Nuestra Señora de Guadalupe[20]

La Virgen de Juquila

La Virgen de Juquila[81]

Nuestra Señora de Loreto

Nuestra Señora de Loreto[22]

Nuestra Señora de Altötting

Nuestra Señora de Altötting[28]

Notre Dame de la Sarte

Notre Dame de la Sarte[94]

La Virgen Negra de Outremeuse

La Virgen Negra de Outremeuse[25]

La Virgen Negra

La Virgen Negra[26]

Marija Bistrica

Marija Bistrica[97]

Nuestra Señora de la Caridad del Cobre

Nuestra Señora de la Caridad del Cobre[28]

La Eleousa de Kykkos

La Eleousa de Kykkos[20]

Vea más libros escritos por Mari Silva

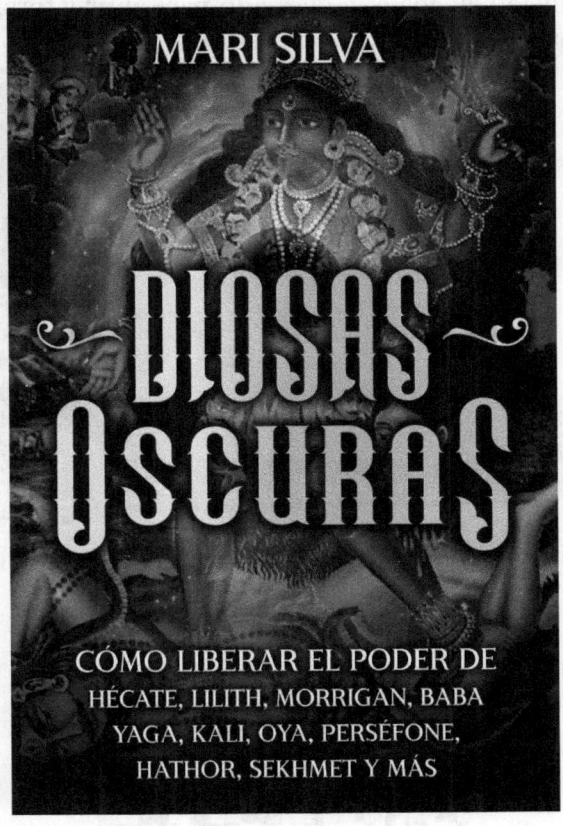

Su regalo gratuito

¡Gracias por descargar este libro! Si desea aprender más acerca de varios temas de espiritualidad, entonces únase a la comunidad de Mari Silva y obtenga el MP3 de meditación guiada para despertar su tercer ojo. Este MP3 de meditación guiada está diseñado para abrir y fortalecer el tercer ojo para que pueda experimentar un estado superior de conciencia.

https://livetolearn.lpages.co/mari-silva-third-eye-meditation-mp3-spanish/

¡O escanee el código QR!

Referencias

Arain, N. (2017). Goddess Empowerment. Createspace Independent Publishing Platform.

Asavei, M. A., & Bushnell, A. M. (2022). Feminist spirituality and Roma artistic activism: the Afterlife of the uncanonised Saint Sara Kali. Identities, 1-18.

Begg, E. (2017). The Cult of the Black Virgin. Chiron Publications.

Belloni, A., & Fox, M. (2019). Healing journeys with the black madonna: chants, music, and sacred practices of the great goddess. Bear & Company.

Courtney Hall Lee. (2017). Black Madonna: a womanist look at Mary of Nazareth. Cascade Books, An Imprint Of Wipf And Stock Publishers.

Georgieff, S. (2016). The black madonna: mysterious soul companion / Stepanie Georgieff. Outskirts Press.

Grace, A. (2021). Divine Feminine Energy. Stonebank Publishing.

Gustafson, F. (2009). The Black Madonna of Einsiedeln. Daimon Verlag.

Małgorzata Oleszkiewicz-Peralba. (2007). The Black Madonna in Latin America and Europe.

Marsman, M. A. (2019). Kali: in praise of the goddess. Psychological perspectives.

Mato, T. (1994). The Black Madonna Within. Open Court Publishing.

Michello, J. (2020). The black madonna: A theoretical framework for the African origins of other world religious beliefs. Religions.

Price, I., & Judith, A. (2017). Goddess Power: Awakening the Wisdom of the Divine Feminine in Your Life. Mango Media.

Strand, C., & Lytle, W. (2022). Waking up to the dark: the Black Madonna's gospel for an age of extinction and collapse. Monkfish Book Publishing

Company.

Stuckey, J. H. (2005). Ancient mother goddesses and fertility cults. Journal of the Motherhood Initiative for Research and Community Involvement

Fuentes de imágenes

1 https://commons.wikimedia.org/wiki/File:Gorczyn_Black_Madonna_of_Cz%C4%99stochowa.jpg
2 Csiraf, CC BY-SA 3.0 < https://creativecommons.org/licenses/by-sa/3.0 >, via Wikimedia Commons: https://commons.wikimedia.org/wiki/File:Black_Madonna.jpg
3 https://www.pexels.com/photo/woman-looking-at-toddler-1832097/
4 https://www.pexels.com/photo/2-person-holding-hands-45842/
5 https://pixabay.com/illustrations/wisdom-power-vision-feeling-mind-666135/
6 https://commons.wikimedia.org/wiki/File:Egyptian_-_Isis_with_Horus_the_Child_-_Walters_54416_-_Three_Quarter_Right.jpg
7 shakko, CC BY-SA 3.0 < https://creativecommons.org/licenses/by-sa/3.0 >, via Wikimedia Commons:https://commons.wikimedia.org/wiki/File:Ceres_(Pio-Clementino)_cast_in_Pushkin_museum.jpg
8 Getty Villa, CC BY-SA 2.0 <https://creativecommons.org/licenses/by-sa/2.0 >, via Wikimedia Commons:https://commons.wikimedia.org/wiki/File:Cybele_Getty_Villa_57.AA.19.jpg
9 Commonists, CC BY-SA 4.0 < https://creativecommons.org/licenses/by-sa/4.0 >, via Wikimedia Commons:https://commons.wikimedia.org/wiki/File:Diana_of_Versailles.jpg
10 https://commons.wikimedia.org/wiki/File:Kali_lithograph.jpg
11 https://pixabay.com/illustrations/meditation-spiritual-yoga-1384758/
12 https://pixabay.com/illustrations/aware-awake-accepting-attuned-1353780/
13 https://www.pexels.com/photo/woman-spreading-both-her-arms-2529375/
14 https://pixabay.com/illustrations/board-writing-chalk-blackboard-953151/

15 LatakiaHill, CC BY-SA 4.0 < https://creativecommons.org/licenses/by-sa/4.0 >, via Wikimedia Commons: https://commons.wikimedia.org/wiki/File:Candlelight_Vigil_at_University_of_Chicago_for_Urumchi_Fire.jpg

16 https://www.pexels.com/photo/silhouette-of-person-raising-its-hand-268134/

17 SICDAMNOME, CC BY-SA 4.0 < https://creativecommons.org/licenses/by-sa/4.0 >, via Wikimedia Commons:https://commons.wikimedia.org/wiki/File:Our_Lady_of_Consolation_Grinstead_Great_Britain.jpg

18 Judgefloro, CC0, via Wikimedia Commons:https://commons.wikimedia.org/wiki/File:8456Marian_Healing_Exhibit_with_Saints_18.jpg

19 Martin Dürrschnabel, CC BY-SA 2.5 <https://creativecommons.org/licenses/by-sa/2.5 >, via Wikimedia Commons:https://commons.wikimedia.org/wiki/File:Schwarze_Madonna.jpg

20 https://commons.wikimedia.org/wiki/File:1531_Nuestra_Se%C3%B1ora_de_Guadalupe_anagoria.jpg

21 Virgen de los remedios, CC BY-SA 4.0 < https://creativecommons.org/licenses/by-sa/4.0 >, via Wikimedia Commons:https://commons.wikimedia.org/wiki/File:Coronada_Juquila.jpg

22 Flyer20061, CC BY-SA 3.0 < https://creativecommons.org/licenses/by-sa/3.0 >, via Wikimedia Commons:https://commons.wikimedia.org/wiki/File:Our_Lady_of_Loreto.jpg

23 S. Finner: Siddhartha Finner, Dipl.Ing.-Architektur, CC BY-SA 3.0 <https://creativecommons.org/licenses/by-sa/3.0 >, via Wikimedia Commons:https://commons.wikimedia.org/wiki/File:Gnadenbild,_Gnadenkapelle_Alt%C3%B6tting.jpeg

24 https://commons.wikimedia.org/wiki/File:Statue_Notre-Dame_de_La_Sarte.jpg

25 See page for author, CC BY-SA 3.0 < http://creativecommons.org/licenses/by-sa/3.0/ >, via Wikimedia Commons: https://commons.wikimedia.org/wiki/File:Procession_2006_-_n%C2%B06.JPG

26 https://commons.wikimedia.org/wiki/File:Black_virgin_of_russia.jpg

27 No machine-readable author provided. Severus assumed (based on copyright claims). CC BY-SA 3.0 <http://creativecommons.org/licenses/by-sa/3.0/ >, via Wikimedia Commons:https://commons.wikimedia.org/wiki/File:Marija_Bistrica.jpg

28 Hyppolyte de Saint-Rambert, CC BY-SA 4.0 <https://creativecommons.org/licenses/by-sa/4.0 >, via Wikimedia Commons:https://commons.wikimedia.org/wiki/File:Santiago_Virgen_de_La_Caridad_del_Cobre_hdsr_S5is_Cuba2_841.jpg

29 https://commons.wikimedia.org/wiki/File:Municipal_Gallery_of_Ioannina_-_Mother_of_God_Eleousa_of_Kykkos_1860.jpg

www.ingramcontent.com/pod-product-compliance
Lightning Source LLC
Chambersburg PA
CBHW072153200426
43209CB00052B/1160